SÖTA SKOPOR
EN UTSÖ
GLASSKOI

100 SKÄM BORT DIG MED FRYSTA LÄCKERHETER
MED HEMLAGADE GLASSKREATIONER

Lars Hansen

Alla rättigheter förbehållna.

varning

Informationen i den här e-boken är avsedd att fungera som en omfattande samling av strategier som författaren till den här e-boken har forskat om. Sammanfattningar, strategier, tips och tricks rekommenderas endast av författaren, och att läsa den här e-boken garanterar inte att ens resultat exakt speglar författarens resultat. Författaren till e-boken har gjort alla rimliga ansträngningar för att tillhandahålla aktuell och korrekt information till e-bokens läsare. Författaren och dess medarbetare kommer inte att hållas ansvariga för eventuella oavsiktliga fel eller utelämnanden som kan hittas. Materialet i e-boken kan innehålla information från tredje part. Tredjepartsmaterial omfattar åsikter som uttrycks av deras ägare. Som sådan tar e-bokens författare inget ansvar eller ansvar för material eller åsikter från tredje part. Oavsett om det är på grund av internets utveckling eller oförutsedda förändringar i företagets policy och riktlinjer för redaktionell inlämning, kan det som anges som fakta när detta skrivs bli föråldrat eller otillämpligt senare.

E-boken är copyright © 202 3 med alla rättigheter förbehållna. Det är olagligt att omdistribuera, kopiera eller skapa härledda verk från denna e-bok helt eller delvis. Inga delar av denna rapport får reproduceras eller återsändas i någon form reproduceras eller återsändas i någon form utan skriftligt uttryckt och undertecknat tillstånd från författaren.

INNEHÅLLSFÖRTECKNING

INNEHÅLLSFÖRTECKNING..3

INTRODUKTION...7

ENKLA GASSAR...9

    1. Enkel vaniljglass..10
    2. Enkel chokladglass..12
    3. Smör Pecannötsglass...14
    4. S'mores Glass...17
    5. Färsk jordgubbsglass..20
    6. Jordnötssmör Cup Glass..23
    7. Pepparmyntsglass..25
    8. Cheesecake Glass..28
    9. Banan Valnöt Chip...31

GLASSAR I VANILJSÅS...34

    10. Vaniljglass...35
    11. Färsk mynta med chokladkakor..38
    12. Chokladglass i mexikansk stil...41
    13. Pistaschglass...44
    14. Salt Vanilj Frozen Custard..47
    15. French Toast fryst vaniljsås..50
    16. Äggnog fryst vaniljsås..54
    17. Apelsinblomma Bisque Custard..57
    18. Caramel Crème sans Lait...61

FRYST YOGHURT...65

    19. Färsk ingefära fryst yoghurt..66
    20. Fresh Peach Frozen Yoghurt..70
    21. Isländsk kaka Frozen Yoghurt..74
    22. Rik Vanilj Frozen Yoghurt...77
    23. Mango Frozen Yoghurt..80

24. CHOKLADKRINGLA FROZEN YOGHURT ... 82
25. LÅGFETT JORDGUBBSFRYST YOGHURT ... 84
26. CHÈVRE FROZEN YOGHURT ... 87

SORBETER ... 89

27. KOKOSSORBET ... 90
28. MÖRK CHOKLADSORBET ... 92
29. CITRONBASILIKASORBET ... 94
30. HALLONSORBET ... 97
31. GUAVA SORBET ... 99
32. PÄRONSORBET ... 101
33. MACERERADE JORDGUBBAR MED LIBBSTICKA ... 103
34. TRISTAR JORDGUBBSSORBET ... 105
35. SORBET AV VIT PERSIKA ... 107
36. CONCORD DRUVSORBET ... 109
37. BELLINI SORBET ... 111
38. GRAPEFRUKTSORBET ... 114
39. PLOMMON SAKE SORBET ... 117
40. RÖD HALLONSORBET ... 120
41. STENFRUKTSORBET ... 123
42. VETEGRÄS & VINHO VERDE SORBET ... 126

FUNKY GASS ... 129

43. GRAHAM GLASS ... 130
44. RÖD SAMMETSGLASS ... 133
45. PRETZEL GLASS ... 136
46. CHEESECAKE GLASS ... 139
47. SWEET CREAM ICE CREAM ... 141
48. ABSINT & MARÄNGGLASS ... 144
49. BLACK FOREST CAKE GLASS ... 147
50. OST & GUAVA JAM GLASS ... 150
51. GRÄDDE KEX MED PERSIKOSYLT ... 153
52. KUMMIN & HONUNG SMÖRKOLA ... 156
53. ENBÄR & LEMON CURD GLASS ... 159
54. CHOKLAD & WHISKYGLASS ... 162
55. KOKOS-CAJETA GLASS ... 166

56. Root Beer Glass...170
57. Magnolia Mochi Glass...173
58. Graham Cracker Glass...176
59. Ost Graham Cracker Glass..179
60. Honungsglass med kärnmjölk..182
61. Pumpernickel glass...185
62. Hummingbird Cake Glass...188
63. Mango Manchego glass...192
64. Moonshine & majssirapsvaniljsås...195
65. Vita huset körsbärsglass..198
66. Yazoo Sue Glass...202
67. Kärnmjölk Soft-Serve..205

SÖDAS..**209**

68. Knickerbocker Ära...210
69. Persika melba...212
70. Cappuccino frappé...214
71. Iced lassi..216
72. Glass flyta...218
73. Vattenmelon & jordgubbsslask..220
74. Iced aprikos & granatäpple smoothie...222
75. Choklad nötter fruktglass...224
76. Chokladdoppade gelato pops..226

FRUKTIGHET...**228**

77. Frysta chokladbananer...229
78. Glass kaka smörgås..231
79. Isiga fruktdoppare..233
80. Sticky toffee godsaker..235
81. Fruktiga isbitar..237
82. Iced frukt poppar...239
83. Glass cupcakes..241
84. Knäckiga yoghurtformer..243
85. Iced björnbär & päron romanoff..245
86. Persika & passionsfrukt swirl glass...247
87. Isiga aprikossuffléer...250

88. Äppel & plommon parfait 253
89. Banankrämglass 256
90. Tropisk frukt sorbet 258
91. Iced rabarberglädje 260
92. Färsk ingefärsglass 262
93. Färsk persikaglass 265

TOPPINGS **267**

94. Passionsfrukt kolasås 268
95. Getmjölkskaramell 270
96. Kanderade pumpafrön 272
97. Vanilj och tequila vispad grädde 274
98. Piloncillo karamelliserade pekannötter 276
99. Kryddig mango 278
100. Mandel Crumble Topping 281

SLUTSATS **283**

INTRODUKTION

Välkommen till "Söta skopor: En utsökt glasskokbok." Denna härliga samling av glassrecept är designad för att ta dina smaklökar på en härlig resa genom en värld av frusna läckerheter. Oavsett om du är en erfaren glassentusiast eller en nybörjare i köket, har den här kokboken något att erbjuda för alla.

Glass har varit en älskad godis i århundraden, och dess mångsidighet möjliggör oändlig kreativitet. Från klassiska smaker som väcker nostalgi till unika kombinationer som överraskar och gläder, att göra glass hemma låter dig kontrollera ingredienserna, experimentera med smaker och skräddarsy efter ditt hjärtas innehåll.

I den här kokboken kommer vi att utforska ett brett utbud av recept, från len och krämig vaniljsåsbaserad glass till uppfriskande fruktsorbet och mejerifria alternativ. Du hittar steg-för-steg-instruktioner, användbara tips och tekniker för att säkerställa att dina frysta kreationer blir perfekt varje gång. Så ta tag i din glassmaskin, ta på dig ditt förkläde och låt oss dyka in i världen av hemgjord glass!

Låt oss ge oss ut på en resa av smak och konsistens och skapa frysta mästerverk som kommer att imponera på din familj, vänner och viktigast av allt, dina smaklökar. Så gör dig redo att utforska nya smaker, blanda och matcha ingredienser och upplev glädjen i att tillverka frysta godsaker som håller dig sval under varma sommardagar och lockar fram leenden under hela året.

Så, utan vidare, låt oss ösa på oss lite lycka och dyka in i en värld av hemgjord glassmagi!

ENKLA GASSAR

1. Enkel vaniljglass

Gör cirka 5 koppar (tio ½-kopps portioner)

INGREDIENSER:

- 1 dl helmjölk
- ¾ kopp strösocker
- nypa salt
- 2 koppar tung grädde
- 1 msk rent vaniljextrakt

ANVISNINGAR

a) I en medelstor skål, använd en stavmixer på låg hastighet eller vispa för att kombinera mjölk, socker och salt tills sockret är upplöst. Rör ner den tunga grädden och vaniljen. Täck och kyl 1 till 2 timmar, eller över natten.

b) Slå på glassmaskinen; häll blandningen i den frysta frysskålen och låt blanda tills den tjocknat, cirka 15 till 20 minuter. Glassen kommer att ha en mjuk, krämig konsistens. Önskas en fastare konsistens, för över glassen till en lufttät behållare och ställ i frysen i ca 2 timmar. Ta ut ur frysen ca 15 minuter före servering.

2. Enkel chokladglass

Gör cirka 5 koppar (tio ½-kopps portioner)

INGREDIENSER:

- ¾ kopp kakaopulver, siktat
- ½ kopp strösocker
- 1/3 kopp packat mörkt farinsocker
- nypa salt
- 1 dl helmjölk
- 2 koppar tung grädde
- ½ matsked rent vaniljextrakt

ANVISNINGAR

a) I en medelstor skål, vispa ihop kakao, socker och salt. Tillsätt mjölken och vispa med en stavmixer på låg hastighet eller visp tills kakaon, sockerarter och salt är upplösta. Rör ner den tunga grädden och vaniljen. Täck och kyl 1 till 2 timmar, eller över natten.

b) Slå på glassmaskinen; häll blandningen i den frysta frysskålen och låt blanda tills den tjocknat, cirka 15 till 20 minuter. Glassen kommer att ha en mjuk, krämig konsistens. .

3. Smör Pecannötsglass

Gör cirka 5 koppar (tio ½-kopps portioner)

INGREDIENSER:

- 4 matskedar osaltat smör
- 1 kopp pekannötter
- 1 tsk salt
- 1 dl helmjölk
- ¾ kopp strösocker
- nypa salt
- 2 koppar tung grädde
- 1 msk rent vaniljextrakt

ANVISNINGAR

a) Smält smöret i en medelstor stekpanna. Tillsätt pekannötterna och 1 tsk salt. Koka på medelhög värme tills pekannötterna är rostade och gyllene, rör om ofta, cirka 6 till 8 minuter. Ta bort från värmen, sila och spara pekannötterna, låt dem svalna. Smöret kan användas till annat – gott över pannkakor eller våfflor.

b) I en medelstor skål, använd en stavmixer på låg hastighet eller vispa för att kombinera mjölk, socker och salt tills sockret är upplöst. Rör ner den tunga grädden och vaniljen. Täck och kyl 1 till 2 timmar, eller över natten.

c) Slå på glassmaskinen; häll blandningen i den frysta frysskålen och låt blanda tills den tjocknat, cirka 15 till 20 minuter. Fem minuter innan blandningen är klar, tillsätt de reserverade pekannötterna och låt blandas helt. Glassen kommer att ha en mjuk, krämig konsistens. Önskas en fastare konsistens, för över glassen till en lufttät behållare och ställ i frysen i ca 2 timmar. Ta ut ur frysen ca 15 minuter före servering.

4. S'mores Glass

Gör cirka 6 koppar (tolv ½-kopps portioner)

INGREDIENSER:

- ½ kopp kakaopulver, siktat
- $1/3$ kopp strösocker
- ¼ kopp packat mörkt farinsocker
- nypa salt
- 2/3 kopp helmjölk
- 1½ dl tjock grädde
- 1 tsk rent vaniljextrakt
- ¾ kopp marshmallowkräm
- 2 hela graham cracker ark, krossade
- 2 uns mjölkchoklad ($1/3$ kopp chips), smält och förvarad i rumstemperatur

ANVISNINGAR

a) I en medelstor skål, vispa ihop kakao, socker och salt. Tillsätt mjölken och med en stavmixer på låg hastighet eller en visp, vispa tills kakaon och sockret är upplöst. Rör ner den tunga grädden och vaniljen. Täck och kyl 1 till 2 timmar, eller över natten.

b) Slå på glassmaskinen; häll blandningen i den frysta frysskålen och låt blanda tills den tjocknat, cirka 15 till 20 minuter. Fem minuter innan blandningen är klar, tillsätt gradvis marshmallowkrämen, en sked i taget.

c) När det är blandat, tillsätt krossade grahamsbröd och smält choklad, en i taget, genom toppen och låt blandas helt. Glassen kommer att ha en mjuk, krämig konsistens. Önskas en fastare konsistens, för över glassen till en lufttät behållare och ställ i frysen i ca 2 timmar. Ta ut ur frysen ca 15 minuter före servering.

5. Färsk jordgubbsglass

Gör cirka 5 koppar (tio ½-kopps portioner)

INGREDIENSER:

- 1½ dl färska jordgubbar, skalade*
- ¾ kopp helmjölk
- ²/³ kopp strösocker
- nypa salt
- 1½ dl tjock grädde
- 1½ tsk rent vaniljextrakt

ANVISNINGAR

a) Lägg jordgubbarna i skålen på en matberedare utrustad med skärbladet. Pulsera jordgubbarna tills de är grova/finhackade (beroende på preferenser). Förvara i skål.

b) I en medelstor skål, använd en stavmixer på låg hastighet eller vispa för att kombinera mjölk, socker och salt tills sockret är upplöst. Rör ner den tunga grädden och vaniljen. Rör i reserverade jordgubbar med all juice. Täck och kyl 1 till 2 timmar, eller över natten.

c) Slå på glassmaskinen; häll blandningen i den frysta frysskålen och låt blanda tills den tjocknat, cirka 15 till 20 minuter. Glassen kommer att ha en mjuk, krämig konsistens.

d) Önskas en fastare konsistens, för över glassen till en lufttät behållare och ställ i frysen i ca 2 timmar.

e) Ta ut ur frysen ca 15 minuter före servering.

6. Jordnötssmör Cup Glass

Gör cirka 6 koppar (tolv ½-kopps portioner)

INGREDIENSER:

- 1 kopp jordnötssmör av god kvalitet (ej naturligt)
- 2/3 kopp strösocker
- 1 dl helmjölk
- 2 koppar tung grädde
- 1 tsk rent vaniljextrakt
- 1 kopp hackad choklad jordnötssmör cup godis

ANVISNINGAR

a) I en medelstor mixerskål, använd en stavmixer på låg hastighet för att blanda jordnötssmör och socker tills det är slätt. Tillsätt mjölken och blanda på låg hastighet tills sockret är upplöst, ca 1 till 2 minuter. Rör ner den tunga grädden och vaniljen. Täck och kyl 1 till 2 timmar, eller över natten.

b) Slå på glassmaskinen; häll blandningen i frysskålen och låt blanda tills den tjocknat, cirka 15 till 20 minuter. Fem minuter innan blandningen är klar, tillsätt det hackade godiset genom toppen och låt blandas helt. Glassen kommer att ha en mjuk, krämig konsistens. Önskas en fastare konsistens, för över glassen till en lufttät behållare och ställ i frysen i ca 2 timmar. Ta ut ur frysen ca 15 minuter före servering.

7. Pepparmyntsglass

Gör cirka 6 koppar (tolv ½-kopps portioner)

INGREDIENSER:

- 1 dl helmjölk
- 2½ koppar packade färska myntablad
- ¾ kopp strösocker
- nypa salt
- 2 koppar tung grädde
- 1 msk rent vaniljextrakt
- 1½ kopp hackade pepparmyntsbiffar

ANVISNINGAR

a) Koka upp mjölken i en medelstor kastrull på medelhög värme. Ta bort från värmen och tillsätt myntabladen; låt dra i 20 till 30 minuter. Om du önskar en mildare mintsmak, sila och kassera myntabladen efter blötläggning, men för en mer intensiv glass, blanda mjölk/mintblandningen med en stavmixer.

b) Tillsätt sockret och saltet till den genomsyrade mjölk/mintblandningen. Använd en stavmixer på låg hastighet eller vispa tills sockret är upplöst. Rör ner den tunga grädden och vaniljen. Täck och kyl, 1 till 2 timmar, eller över natten.

c) Slå på glassmaskinen; häll blandningen i den frysta frysskålen och låt blanda tills den tjocknat, cirka 15 till 20 minuter. Fem minuter innan blandningen är klar, tillsätt det hackade godiset genom toppen och låt blandas helt.

8. Cheesecake Glass

Gör cirka 5 koppar (tio ½-kopps portioner)

INGREDIENSER:

- 12 uns färskost, rumstemperatur, skuren i 2-tums bitar
- 1 kopp strösocker
- ½ tsk salt
- ¼ kopp mascarpone, rumstemperatur
- 1 dl helmjölk, rumstemperatur
- 2 tsk rent vaniljextrakt
- ¼ kopp gräddfil, rumstemperatur

ANVISNINGAR

a) Lägg färskosten i skålen på en stavmixer. Försedd med blandningspaddeln. Mixa grädden på medelhastighet tills den är väldigt slät. Med mixern igång, tillsätt gradvis sockret och saltet; blanda tills det är homogent. Tillsätt mascarponen och blanda tills det är väl blandat. Tillsätt långsamt mjölken och vaniljen; blanda tills det är slätt. Använd vikfunktionen för att blanda i gräddfilen. Täck och kyl 1 till 2 timmar, eller över natten.

b) Slå på glassmaskinen; häll blandningen i den frysta frysskålen och låt blanda tills den tjocknat, cirka 15 till 20 minuter. Glassen kommer att ha en mjuk, krämig konsistens.

Önskas en fastare konsistens, för över glassen till en lufttät behållare och ställ i frysen i ca 2 timmar. Ta ut ur frysen ca 15 minuter före servering.

9. Banan Valnöt Chip

Gör cirka 6 koppar (tolv ½-kopps portioner)

INGREDIENSER:

- ½ kopp helmjölk
- 2 koppar tung grädde
- 1 hel vaniljstång, halverad och skrapade frön
- ½ tsk rent vaniljextrakt
- ¼ tesked salt
- 1/3 kopp packat mörkt farinsocker
- 1 matsked vatten
- 2 msk osaltat smör
- 2 stora bananer, skurna i 1-tums bitar
- 1½ msk mörk rom
- ¼ tesked färsk citronsaft
- 2 uns bittersöt choklad, hackad
- ½ kopp rostade valnötter, grovt hackade

ANVISNINGAR

a) Koka upp mjölken, grädden, vaniljstången (inklusive stången), vaniljextraktet och saltet i en medelstor kastrull på medelhög värme. Avlägsna från värme; låt blandningen dra i 30 minuter.

b) Medan mjölk/gräddblandningen drar, värm sockret med vatten i en stor stekpanna tills det börjar fräsa. Rör ner smöret och värm tills det smält. Tillsätt bananerna; koka i cirka 2 minuter, eller tills det doftar och mjuknar. Rör försiktigt i rommen och koka i ytterligare 2 minuter, eller tills den tjocknat något. Avlägsna från värme. Sila banan/sockerblandningen med en hålslev, spara sockerlag och bananer i separata skålar.

c) Ta bort vaniljstången från den blötlagda mjölk/gräddblandningen; kasta pod. Rör ner citronsaften i bananerna och blanda sedan ner bananerna i den blötlagda mjölken/grädden. Täck och kyl blandningen i 1 till 2 timmar, eller över natten.

d) Slå på glassmaskinen; häll bananblandningen i den frysta frysskålen och låt blanda tills den tjocknat, cirka 15 till 20 minuter.

e) Medan glassen kärnar, smält den bittersöta chokladen i en skål över en kastrull med sjudande vatten; boka.

f) När glassen är nästan helt kärnad, tillsätt gradvis sockersirapen; låt blanda tills det är helt blandat. När sockerlagen har blandats, tillsätt valnötterna genom toppen av glassmaskinen; låt blanda tills det blandas. Precis innan glassen är klar, ringla ner den smälta chokladen i den kärnande glassen. Glassen kommer att ha en mjuk, krämig konsistens. Önskas en fastare konsistens, för över glassen till en lufttät behållare och ställ i frysen i ca 2 timmar. Ta ut ur frysen ca 15 minuter före servering.

Glassar i vaniljsås

10. Vaniljglass

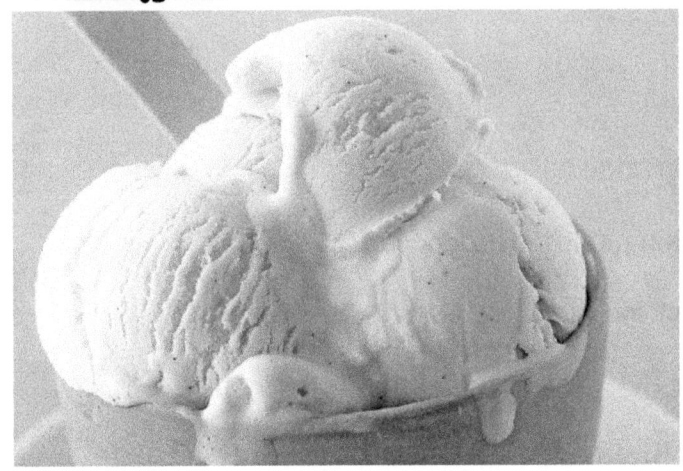

Gör cirka 6 koppar (tolv ½-kopps portioner)

INGREDIENSER:

- 2 dl helmjölk
- 2 koppar tung grädde
- 1 kopp strösocker, delat   nypa salt
- 1 hel vaniljstång, halverad och skrapade frön
- 5 stora äggulor
- 1½ tsk rent vaniljextrakt

ANVISNINGAR

a) Vispa ihop mjölken, grädden, hälften av sockret, saltet och den skrapade vaniljstången (inklusive stången) i en medelstor kastrull på medelhög värme. Låt blandningen bara koka upp.

b) Medan mjölk/gräddblandningen värms upp, kombinera äggulorna och resterande socker i en medelstor skål. Använd en stavmixer på låg hastighet eller vispa tills blandningen är blek och tjock.

c) När mjölk/gräddblandningen har kokat upp lätt, vispa ner ca 1/3 av den varma blandningen i äggula/sockerblandningen. Tillsätt ytterligare 1/3 av blandningen och häll sedan tillbaka den kombinerade blandningen i kastrullen. Använd en träslev och rör om hela blandningen på låg värme tills den tjocknar något och täcker baksidan av skeden. Denna blandning får INTE koka, annars blir äggulorna överkokta – processen bör bara ta några minuter.

d) Häll blandningen genom en finmaskig sil (kasta vaniljstången) och låt den få rumstemperatur. Rör ner vaniljextraktet. Täck och kyl 1 till 2 timmar, eller över natten.

e) Slå på glassmaskinen; häll blandningen i den frysta frysskålen och låt blanda tills den tjocknat, cirka 20 minuter. Glassen kommer att ha en mjuk, krämig konsistens. Önskas en fastare konsistens, för över glassen till en lufttät behållare och ställ i frysen i ca 2 timmar. Ta ut ur frysen ca 15 minuter före servering.

11. Färsk mynta med chokladkakor

Gör cirka 6 koppar (tolv ½-kopps portioner)

INGREDIENSER:

- 2 dl helmjölk
- 2 koppar tung grädde
- 1 kopp strösocker, delat   nypa salt
- 1½ tsk rent vaniljextrakt
- 2 koppar packade färska myntablad
- 5 stora äggulor
- 1 kopp krossade smörgåskakor med choklad

ANVISNINGAR

a) Vispa ihop mjölk, grädde, hälften av strösockret, salt och vanilj i en medelstor kastrull på medelhög värme. Låt blandningen bara koka upp. Ta bort från värmen och tillsätt myntabladen; låt dra i 20 till 30 minuter. Om du önskar en mildare mintsmak, ta bort och kassera myntabladen efter blötläggning, men för en mer intensiv glass rekommenderar vi att mixa mjölk/mintblandningen med en stavmixer. Efter blötläggning, låt blandningen bara koka upp på medel-låg värme.

b) Medan mjölk/gräddblandningen återupphettas, kombinera äggulorna och resterande socker i en medelstor skål. Använd en stavmixer på låg hastighet eller en visp, vispa tills blandningen är blek och tjock.

c) När mjölk/gräddblandningen har kokat upp lätt, vispa ner ca 1/3 av den varma blandningen i äggula/sockerblandningen. Tillsätt ytterligare 1/3 av blandningen och häll sedan tillbaka den kombinerade blandningen i kastrullen. Använd en träslev och rör om hela blandningen på låg värme tills den tjocknar något och täcker baksidan av skeden. Denna blandning får INTE koka, annars blir äggulorna överkokta - processen bör bara ta några minuter.

d) Häll blandningen genom en finmaskig sil. Ta upp glassbotten till rumstemperatur. Täck och kyl 1 till 2 timmar, eller över natten.

e) Slå på glassmaskinen; häll blandningen i den frysta frysskålen och låt blanda tills den tjocknat, cirka 20 minuter. När glassen är nästan helt kärnad, tillsätt gradvis de krossade kakorna genom toppen av glassmaskinen; låt blanda tills det är helt blandat.

f) Glassen kommer att ha en mjuk, krämig konsistens. Önskas en fastare konsistens, för över glassen till en lufttät behållare och ställ i frysen i ca 2 timmar. Ta ut ur frysen ca 15 minuter före servering.

12. Chokladglass i mexikansk stil

Gör cirka 5 koppar (cirka tio ½-kopps portioner)

INGREDIENSER:

- 2 dl helmjölk
- 1¼ dl tjock grädde
- 1¼ tsk rent vaniljextrakt
- 1 tsk mald kanel
- 1 till 2 nypor cayennepeppar
- nypa salt
- 2/3 kopp strösocker, delat
- 5 stora äggulor
- 6 uns bittersöt choklad, grovt hackad

ANVISNINGAR

a) Vispa ihop mjölk, grädde, vanilj, kryddor, salt och hälften av sockret i en medelstor kastrull på medelhög värme. Låt blandningen bara koka upp.

b) Medan mjölk/gräddblandningen värms upp, kombinera äggulorna och resterande socker i en medelstor skål. Använd en stavmixer på låg hastighet eller en visp, vispa tills blandningen är blek och tjock.

c) Placera den hackade chokladen i en separat blandningsskål; boka.

d) När mjölk/gräddblandningen har kokat upp lätt, vispa ner ca 1/3 av den varma blandningen i äggula/sockerblandningen. Tillsätt ytterligare 1/3 av blandningen och häll sedan tillbaka den kombinerade blandningen i kastrullen. Använd en träslev och rör om hela blandningen på låg värme tills den tjocknar något och täcker baksidan av skeden. Denna blandning får INTE koka, annars blir äggulorna överkokta – processen bör bara ta några minuter.

e) Häll blandningen genom en finmaskig sil i skålen med den reserverade chokladen; vispa ihop och låt sedan bli rumstemperatur. Täck och kyl 1 till 2 timmar, eller över natten.

f) Slå på glassmaskinen; häll blandningen i den frysta frysskålen och låt blanda tills den tjocknat, cirka 20 minuter. Glassen kommer att ha en mjuk, krämig konsistens. Önskas en fastare konsistens, för över glassen till en lufttät behållare och ställ i frysen i ca 2 timmar. Ta ut ur frysen ca 15 minuter före servering.

13. Pistaschglass

Gör cirka 5 koppar (cirka tio ½-kopps portioner)

INGREDIENSER:

- 2½ dl helmjölk
- 1 hel vaniljstång, halverad och skrapade frön
- 2/3 kopp strösocker, delat
- 2¼ koppar hackade rostade, osaltade pistagenötter; skalad, delad
- 2 koppar tung grädde
- nypa salt
- 6 stora äggulor
- ¼ tesked rent mandelextrakt

ANVISNINGAR

a) Rör ihop mjölken, vaniljstången (inklusive stången), hälften av sockret och 1½ dl pistagenötter i en medelstor kastrull på medelhög värme. Låt blandningen bara koka upp. Avlägsna från värme; låt blandningen dra i 1 till 2 timmar. Efter blötläggning, tillsätt grädde och salt och låt blandningen gradvis koka upp på medellåg värme.

b) När blandningen av mjölk/pistage/grädde värms upp, kombinera äggulorna och det återstående sockret i en medelstor skål. Använd en stavmixer på låg hastighet eller en visp, vispa tills blandningen är blek och tjock.

c) När mjölk/pistage/gräddblandningen har kokat upp lätt, vispa ner ca 1/3 av den varma blandningen i äggula/sockerblandningen. Tillsätt ytterligare 1/3 av blandningen och häll sedan tillbaka den kombinerade blandningen i kastrullen. Använd en träslev och rör om hela blandningen på låg värme tills den tjocknar något och täcker baksidan av skeden. Denna blandning får INTE koka, annars blir äggulorna överkokta – processen bör bara ta några minuter.

d) Rör ner mandelextraktet och häll blandningen genom en finmaskig sil (kasta vaniljstången och pistagenötterna); bringa till rumstemperatur. Täck och kyl 1 till 2 timmar, eller över natten.

e) Slå på glassmaskinen; häll blandningen i den frysta frysskålen och låt blanda tills den tjocknat, cirka 20 minuter. När glassen nästan är färdigkärnad, tillsätt de återstående rostade pistagenötterna genom öppningen på toppen av glassmaskinen. Glassen kommer att ha en mjuk, krämig konsistens. Önskas en fastare konsistens, för över glassen till en lufttät behållare och ställ i frysen i ca 2 timmar. Ta ut ur frysen ca 15 minuter före servering.

14. Salt Vanilj Frozen Custard

Gör ca 1 liter

INGREDIENSER:

- 2¾ koppar helmjölk
- 6 stora äggulor
- 1 matsked plus 2 teskedar majsstärkelse
- 1 uns (2 matskedar) färskost, mjukad
- ¾ tesked fint havssalt
- 3 tsk vaniljextrakt
- 1 kopp tung grädde
- ¾ kopp socker
- 2 msk ljus majssirap

VÄGBESKRIVNING:

a) Blanda cirka 2 matskedar av mjölken, äggulorna och maizena i en liten skål och ställ åt sidan.

b) Vispa färskost, salt och vanilj i en medelstor skål tills den är slät.

c) Fyll en stor skål med is och vatten.

d) Koka Kombinera den återstående mjölken, grädden, sockret och majssirapen i en 4-liters kastrull, låt koka upp på medelhög värme och koka i 4 minuter.

e) Ta bort från värmen och tillsätt gradvis cirka 2 koppar av den varma mjölkblandningen till äggulblandningen, en slev i taget, rör om väl efter varje tillsats.

f) Häll tillbaka blandningen i kastrullen och värm på medelvärme, rör hela tiden med en värmebeständig spatel, bara tills blandningen kokar upp. Ta av från värmen och sila ev. genom en sil.

g) Chill Vispa gradvis ner den varma mjölkblandningen i färskostblandningen tills den är slät. Häll blandningen i en 1-liters Ziplock- fryspåse och sänk ned den förseglade påsen i isbadet. Låt stå, tillsätt mer is vid behov, tills den är kall, cirka 30 minuter.

h) Frys Ta bort den frysta burken från frysen, sätt ihop din glassmaskin och slå på den. Häll vaniljsåsbottnen i burken och snurra tills den är tjock och krämig.

i) Packa vaniljsåsen i en förvaringsbehållare. Tryck ett ark pergament direkt mot ytan och förslut med ett lufttätt lock. Frys in i den kallaste delen av frysen tills den är fast, minst 4 timmar.

15. French Toast fryst vaniljsås

Gör ca 1 liter

INGREDIENSER:

- 2¾ koppar helmjölk
- 6 stora äggulor
- 1 matsked plus 2 teskedar majsstärkelse
- 1 uns (2 matskedar) färskost, mjukad
- ½ tesked vaniljextrakt
- 1 tsk mald kanel
- 1 tsk nyrostat, finmalet kaffe
- ¼ tesked salt
- 1 kopp tung grädde
- 2 msk ljus majssirap
- 1½ dl lönnsirap
- ½ kopp (¼-tum) briochetärning (från 2 till 3 skivor brioche), rostade eller French Toast Grus

VÄGBESKRIVNING:

a) Blanda cirka 2 matskedar av mjölken, äggulorna och maizena i en liten skål och ställ åt sidan.

b) Vispa färskost, vanilj, kanel, kaffe och salt i en medelstor skål tills den är slät.

c) Blanda grädden med majssirapen i en liten skål.

d) Fyll en stor skål med is och vatten.

e) Koka Koka upp lönnsirapen i en 4-liters kastrull på medelhög värme. Sänk värmen till medel och fortsätt koka i 8 minuter, tills sirapen har reducerats till hälften. Ta av från värmen och tillsätt gradvis gräddblandningen, en slev i taget, under konstant omrörning. Rör ner resterande mjölk.

f) Sätt tillbaka kastrullen till spishällen och värm på medelvärme, låt blandningen koka upp och låt koka i 4 minuter (den kan verka kurad från den sura lönnen, men den kommer att samlas i den färdiga vaniljsåsen).

g) Ta bort från värmen och tillsätt gradvis cirka 2 koppar av denna blandning till ägguleblandningen, en slev i taget, rör om väl efter varje tillsats.

h) Häll blandningen i kastrullen och värm på medelvärme tills blandningen kokar upp igen, ta sedan av från värmen. Sila ev. genom en sil.

i) Chill Vispa gradvis ner den varma mjölkblandningen i färskostblandningen tills den är slät. Häll blandningen i en 1-liters Ziplock- fryspåse och sänk ned den förseglade påsen i isbadet. Låt stå, tillsätt mer is vid behov, tills den är kall, cirka 30 minuter.

j) Frys Ta bort den frysta burken från frysen, sätt ihop din glassmaskin och slå på den. Häll vaniljsåsbottnen i burken och snurra tills den är tjock och krämig.

k) Packa vaniljsås i en förvaringsbehållare, blanda i de rostade briochetärningarna allt eftersom. Tryck ett ark pergament direkt mot ytan och förslut med ett lufttätt lock. Frys in i den kallaste delen av frysen tills den är fast, minst 4 timmar.

16. Äggnog fryst vaniljsås

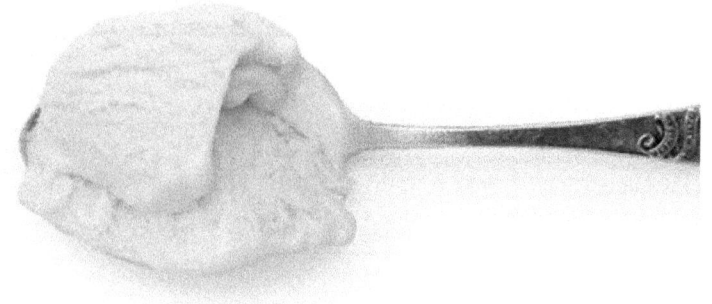

Gör ca 1 liter

INGREDIENSER:

- 2¾ koppar helmjölk

- 6 stora äggulor

- 1 matsked plus 2 teskedar majsstärkelse

- 1 uns (2 matskedar) färskost, mjukad

- ½ tsk fint havssalt

- ⅛ tesked riven muskotnöt

- ½ tesked vaniljextrakt

- 1 kopp tung grädde

- ¾ kopp socker

- 2 msk ljus majssirap

- ¼ kopp whisky (eller rom eller konjak)

VÄGBESKRIVNING:

a) Blanda cirka 2 matskedar av mjölken, äggulorna och maizena i en liten skål och ställ åt sidan.

b) Vispa färskost, salt, muskotnöt och vanilj i en medelstor skål tills den är slät.

c) Fyll en stor skål med is och vatten.

d) Koka Kombinera den återstående mjölken, grädden, sockret och majssirapen i en 4-liters kastrull, låt koka upp på medelhög värme och koka i 4 minuter.

e) Ta bort från värmen och tillsätt gradvis cirka 2 koppar av den varma mjölkblandningen till ägguleblandningen, en slev i taget, rör om väl efter varje tillsats.

f) Häll tillbaka blandningen i kastrullen och värm på medelvärme, rör hela tiden med en värmebeständig spatel, bara tills blandningen kokar upp. Ta av från värmen och sila ev. genom en sil.

g) Chill Vispa gradvis ner den varma mjölkblandningen i färskostblandningen tills den är slät. Häll blandningen i en 1-liters Ziplock- fryspåse och sänk ned den förseglade påsen i isbadet. Låt stå, tillsätt mer is vid behov, tills den är kall, cirka 30 minuter.

h) Frys Ta bort den frysta burken från frysen, sätt ihop din glassmaskin och slå på den. Häll vaniljsåsbottnen i burken, tillsätt whiskyn och snurra tills den är tjock och krämig.

i) Packa vaniljsåsen i en förvaringsbehållare. Tryck ett ark pergament direkt mot ytan och förslut med ett lufttätt lock. Frys in i den kallaste delen av frysen tills den är fast, minst 4 timmar.

17. Apelsinblomma Bisque Custard

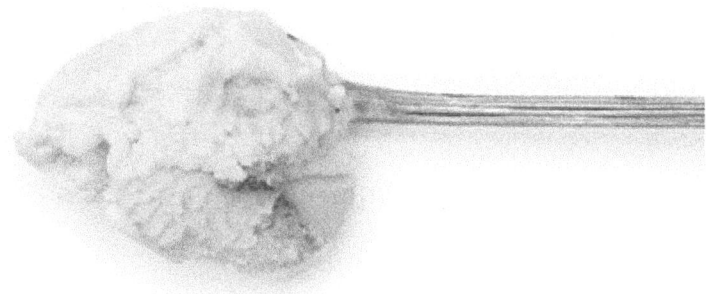

Gör ca 1 liter

INGREDIENSER:

- 2¾ koppar helmjölk
- 6 stora äggulor
- 1 matsked plus 2 teskedar majsstärkelse
- 1 uns (2 matskedar) färskost, mjukad
- 2 tsk vaniljextrakt
- ¾ tesked mandelextrakt
- ½ tsk fint havssalt
- 1 kopp tung grädde
- ¾ kopp socker
- 2 msk ljus majssirap
- 1 till 2 droppar neroli eterisk olja
- ½ kopp rostade mandlar, mycket fint hackad
- ½ kopp smulade amarettikakor
- 12 till 16 Amarena körsbär (se Källor ; valfritt)

VÄGBESKRIVNING:

a) Blanda cirka 2 matskedar av mjölken, äggulorna och maizena i en liten skål och ställ åt sidan.

b) Vispa färskost, vanilj, mandelextrakt och salt i en medelstor skål tills den är slät.

c) Fyll en stor skål med is och vatten.

d) Koka Kombinera den återstående mjölken, grädden, sockret och majssirapen i en 4-liters kastrull, låt koka upp på medelhög värme och koka i 4 minuter.

e) Ta bort från värmen och tillsätt gradvis cirka 2 koppar av den varma mjölkblandningen till äggulablandningen, en slev i taget, rör om väl efter varje tillsats.

f) Häll tillbaka blandningen i kastrullen och värm på medelvärme, rör hela tiden med en värmebeständig spatel, bara tills blandningen kokar upp. Ta av från värmen och sila ev. genom en sil.

g) Chill Vispa gradvis ner den varma mjölkblandningen i färskostblandningen tills den är slät. Häll blandningen i en 1-liters Ziplock- fryspåse och sänk ned den förseglade påsen i isbadet. Låt stå, tillsätt mer is vid behov, tills den är kall, cirka 30 minuter.

h) Frys Ta bort den frysta burken från frysen, sätt ihop din glassmaskin och slå på den. Häll vaniljsåsbasen i burken, släpp ner den eteriska oljan i toppen och snurra tills den är tjock och krämig.

i) Packa vaniljsåsen i en förvaringsbehållare, lägg på den rostade mandeln och amaretti allt eftersom. Tryck ett ark pergament direkt mot ytan och förslut med ett lufttätt lock. Frys in i den kallaste delen av frysen tills den är fast, minst 4 timmar.

j) Garnera med körsbär, om du använder, när du serverar.

18. Caramel Crème sans Lait

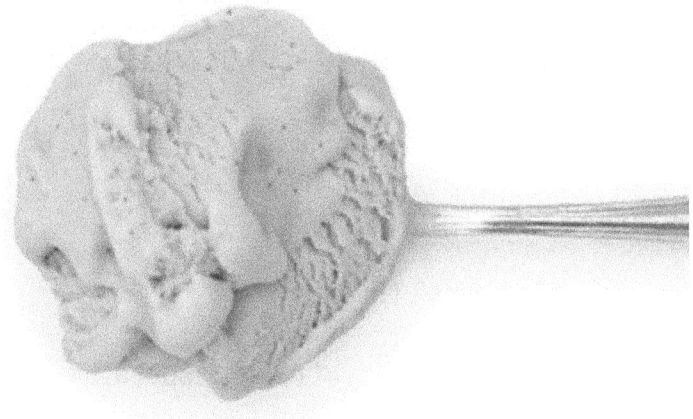

Gör ca 1 liter

INGREDIENSER:

- 2¾ koppar mandelmjölk
- 2 msk tapiokastärkelse
- ⅓ kopp råa cashewnötter
- 2 uns (4 matskedar) vegansk färskost
- 1¼ koppar raffinerad kokosolja, vid rumstemperatur
- ½ tsk fint havssalt
- ⅓ kopp lätt majssirap
- ⅔ kopp socker
- 1 vaniljstång, delad, frön utskrapade, frön och bönor reserverade

VÄGBESKRIVNING:

a) Blanda cirka 2 matskedar av mandelmjölken med tapiokastärkelsen i en liten skål för att göra en slät uppslamning. Om du använder råa cashewnötter, pulverisera dem till en mycket fin pasta i en matberedare eller med en mortel och mortelstöt.

b) Vispa färskosten, om du använder, kokosolja, cashewpasta och salt i en skål tills den är slät och krämig.

c) Häll majssirapen i den återstående mandelmjölken i en skål.

d) Fyll en stor skål med is och vatten.

e) Koka Värm sockret i en 4-liters kastrull på medelvärme tills det är smält och gyllene bärnsten .

f) Ta av från värmen och tillsätt långsamt lite av mandelmjölksblandningen till karamellen, under konstant omrörning: det kommer att fräsa, poppa och spruta.

g) Rör tills det är väl blandat, tillsätt sedan lite mer mandelmjölk och rör om. Fortsätt att tillsätta mjölken lite i taget tills allt är blandat.

h) Vispa långsamt i tapiokastärkelseuppslamningen och vaniljfröna och bönan. Återställ pannan till värmen, låt koka upp på medelhög värme och koka, rör om med en värmebeständig spatel, i 20 till 30 sekunder, tills blandningen tjocknar något.

i) Ta bort från värmen. Om några kola fläckar finns kvar, sila blandningen genom en sil.

j) Chill Vispa gradvis ner den varma mjölkblandningen i färskostblandningen, rör om tills den är väl införlivad.

k) Häll blandningen i en 1-liters Ziplock- fryspåse och sänk ned den förseglade påsen i isbadet. Låt stå, tillsätt mer is vid behov, tills den är kall, cirka 30 minuter.

l) Frys Ta bort den frysta burken från frysen, sätt ihop din glassmaskin och slå på den. Häll krämbotten i burken och snurra tills den är tjock och krämig.

m) Ta bort vaniljstången och släng. Packa krämen i en förvaringsbehållare.

n) Tryck ett ark pergament direkt mot ytan och förslut med ett lufttätt lock.

o) Frys in i den kallaste delen av frysen tills den är fast, minst 4 timmar.

FRYST YOGHURT

19. Färsk ingefära fryst yoghurt

Gör ca 1 liter

INGREDIENSER:

FRYST YOGHURTBAS

- 1 liter vanlig yoghurt med låg fetthalt
- 1½ dl helmjölk
- 2 matskedar majsstärkelse
- 2 uns (4 matskedar) färskost, mjukad
- ½ tsk betpulver (för färg, se Källor, valfritt)
- ⅛ tesked gurkmeja (för färg, valfritt)
- ½ kopp tung grädde
- ⅔ kopp socker
- ¼ kopp lätt majssirap

INGEFÄRSSIRAP

- ½ kopp färsk citronsaft (från 2 till 3 citroner)
- 3 matskedar socker
- 2 uns färsk ingefära (en bit ca 4 tum lång), skalad och skivad i ⅛-tums mynt
- ½ tesked pulveriserad ingefära

VÄGBESKRIVNING:

FÖR DEN STRÅNADE YOGHURTEN

a) Ställ en sil över en skål och klä den med två lager ostduk. Häll yoghurten i silen, täck med plastfolie och låt den rinna av i kylen i 6 till 8 timmar. Kassera vätskan och mät upp $1\frac{1}{4}$ koppar silad yoghurt; avsätta.

FÖR INGEFÄRSIRAPEN

b) Blanda citronsaften med sockret i en liten kastrull och låt koka upp på medelhög värme, rör om för att lösa upp sockret. Ta av från värmen, tillsätt den skivade ingefäran och ingefäran och låt svalna. Sila ur den skivade ingefäran och ställ sirapen åt sidan.

FÖR DEN FRYSTE YOGHURTBASEN

c) Blanda cirka 2 matskedar av mjölken med majsstärkelsen i en liten skål för att göra en slät uppslamning.

d) Vispa färskost, rödbetor och gurkmeja, om du använder, i en medelstor skål tills den är slät.

e) Fyll en stor skål med is och vatten.

f) Koka Kombinera den återstående mjölken, grädden, sockret och majssirapen i en 4-liters kastrull, låt koka upp på medelhög värme och koka i 4 minuter. Ta av från värmen och vispa gradvis i majsstärkelseuppslamningen. Koka upp blandningen igen på medelhög värme och koka under

omrörning med en värmebeständig spatel tills den tjocknat något, cirka 1 minut. Ta bort från värmen.

g) Chill Vispa gradvis ner den varma mjölkblandningen i färskosten tills den är slät. Tillsätt $1\frac{1}{4}$ koppar yoghurt och ingefärssirap. Häll blandningen i en 1-liters Ziplock-fryspåse och sänk ned den förseglade påsen i isbadet. Låt stå, tillsätt mer is vid behov, tills den är kall, cirka 30 minuter.

h) Frys Ta bort den frysta burken från frysen, sätt ihop din glassmaskin och slå på den. Häll den frysta yoghurtbasen i den frysta burken och snurra tills den är tjock och krämig.

i) Packa den frysta yoghurten i en förvaringsbehållare. Tryck ett ark pergament direkt mot ytan och förslut med ett lufttätt lock. Frys in i den kallaste delen av frysen tills den är fast, minst 4 timmar.

20. Fresh Peach Frozen Yoghurt

Gör ca 1 liter

INGREDIENSER:

FRYST YOGHURTBAS

- 1 liter vanlig yoghurt med låg fetthalt
- ⅔ kopp kärnmjölk (eller extra helmjölk)
- 1 dl helmjölk
- 2 matskedar majsstärkelse
- 2 uns (4 matskedar) färskost, mjukad
- ¼ tesked fint havssalt
- ½ kopp tung grädde
- ⅔ kopp socker
- ¼ kopp lätt majssirap

PERSIKKORS

- 2 till 3 mogna gyllene persikor, skalade, urkärnade och skurna i grova bitar
- ⅓ kopp socker
- ¼ kopp färsk citronsaft (från ca 2 citroner)

VÄGBESKRIVNING:

FÖR DEN STRÅNADE YOGHURTEN

a) Ställ en sil över en skål och klä den med två lager ostduk. Häll yoghurten i silen, täck med plastfolie och låt den rinna av i kylen i 6 till 8 timmar. Släng vätskan och mät upp 1¼ koppar silad yoghurt. Tillsätt kärnmjölken och ställ åt sidan.

FÖR DEN FRYSTA YOGHURTEN

b) Blanda cirka 2 matskedar av mjölken med majsstärkelsen i en liten skål för att göra en slät uppslamning.

c) Vispa färskost och salt i en medelstor skål tills den är slät.

d) Fyll en stor skål med is och vatten.

TILL PERSIKOPUREN

e) Purea persikorna i en matberedare. Överför ⅔ kopp av purén till en liten skål. Reservera resten för annan användning.

f) Blanda sockret och citronsaften i en medelstor kastrull och låt koka upp på medelhög värme, rör om tills sockret löst sig. Tillsätt persikopurén och låt svalna.

g) Koka Kombinera den återstående mjölken, grädden, sockret och majssirapen i en 4-liters kastrull, låt koka upp på medelhög värme och koka i 4 minuter. Ta av från värmen och vispa gradvis i majsstärkelseuppslamningen. Koka upp blandningen igen på medelhög värme och koka under

omrörning med en värmebeständig spatel tills den tjocknat något, cirka 1 minut. Ta bort från värmen.

h) Chill Vispa gradvis ner den varma mjölkblandningen i färskosten tills den är slät. Tillsätt de reserverade $1\frac{1}{4}$ kopparna yoghurt och persikopurén. Häll blandningen i en 1-liters Ziplock- fryspåse och sänk ned den förseglade påsen i isbadet. Låt stå, tillsätt mer is vid behov, tills den är kall, cirka 30 minuter.

i) Frys Ta bort den frysta burken från frysen, sätt ihop din glassmaskin och slå på den. Häll den frysta yoghurtbasen i den frysta burken och snurra tills den är tjock och krämig.

j) Packa den frysta yoghurten i en förvaringsbehållare. Tryck ett ark pergament direkt mot ytan och förslut med ett lufttätt lock. Frys in i den kallaste delen av frysen tills den är fast, minst 4 timmar.

21. Isländsk kaka Frozen Yoghurt

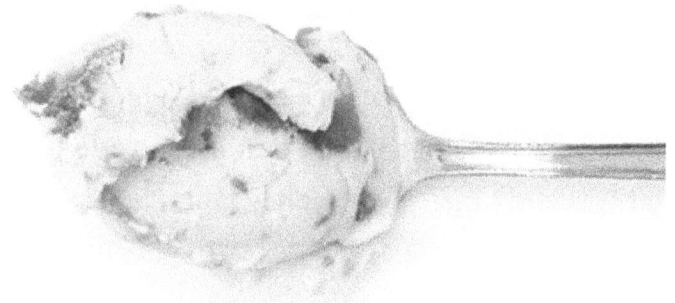

Gör ca 1 liter

INGREDIENSER:

- 1½ dl helmjölk
- 2 matskedar majsstärkelse
- 1¼ dl skyr
- 2 uns (4 matskedar) färskost, mjukad
- ½ kopp tung grädde
- ⅔ kopp socker
- ¼ kopp lätt majssirap
- ½ kopp smulad Lady Cake , fryst
- ½ kopp Streusel , gjord med havre och gräddad ytterligare 20 minuter
- ⅔ kopp stuvad rabarbersås

VÄGBESKRIVNING:

a) Blanda cirka 2 matskedar av mjölken med majsstärkelsen i en liten skål för att göra en slät uppslamning.

b) Vispa skyr och färskost i en medelstor skål tills det är slätt.

c) Fyll en stor skål med is och vatten.

d) Koka Kombinera den återstående mjölken, grädden, sockret och majssirapen i en 4-liters kastrull, låt koka upp på medelhög värme och koka i 4 minuter.

e) Ta av från värmen och vispa gradvis i majsstärkelseuppslamningen. Koka upp blandningen igen på medelhög värme och koka under omrörning med en värmebeständig spatel tills den tjocknat något, cirka 1 minut. Ta bort från värmen.

f) Chill Vispa gradvis ner den varma mjölkblandningen i färskosten tills den är slät. Häll blandningen i en 1-liters Ziplock- fryspåse och sänk ned den förseglade påsen i isbadet. Låt stå, tillsätt mer is vid behov, tills den är kall, cirka 30 minuter.

g) Frys Ta bort den frysta burken från frysen, sätt ihop din glassmaskin och slå på den. Häll yoghurtbasen i burken och snurra tills den är tjock och krämig.

h) Arbeta snabbt, packa den frysta yoghurten i en förvaringsbehållare, alternerande lager av fryst yoghurt, kaka, streusel och rabarbersås. Tryck ett ark pergament direkt mot ytan och förslut med ett lufttätt lock.

i) Frys in i den kallaste delen av frysen tills den är fast, minst 4 timmar.

22. Rik Vanilj Frozen Yoghurt

Gör cirka 5 koppar (tio ½-kopps portioner)

INGREDIENSER

- 1½ msk lätt majssirap
- 1½ msk honung
- 3 matskedar vatten
- 2 vaniljstång, delade och skrapade frön
- 5 koppar helmjölksyoghurt, silad genom en ostduk
- 1 tsk rent vaniljextrakt
- ¾ kopp strösocker
- nypa salt

VÄGBESKRIVNING

a) Lägg majssirap, honung, vatten och vaniljstång i en medelstor kastrull. Koka upp blandningen på medelhög värme och låt sjuda tills den reducerats med ungefär hälften. Sila (kasta vaniljstången); boka.

b) I en stor mixerskål, vispa den silade yoghurten, reserverad honung/vatten/vaniljreduktion, vaniljextrakt, socker och salt tillsammans. Vispa tills sockret har löst sig. Täck över och kyl i 2 till 3 timmar, eller över natten.

c) Slå på glassmaskinen; häll blandningen i den frysta frysskålen och låt blanda tills den tjocknat, cirka 15 till 20 minuter. Den frysta yoghurten kommer att ha en mjuk, krämig konsistens. Önskas en fastare konsistens, överför den frysta yoghurten till en lufttät behållare och ställ i frysen i cirka 2 timmar. Ta ut ur frysen ca 15 minuter före servering.

23. Mango Frozen Yoghurt

Gör cirka 5 koppar (tio ½-kopps portioner)

INGREDIENSER

- 5 koppar lättmjölk yoghurt, silad genom en ostduk* i 2 till 4 timmar
- ½ kopp strösocker
- 2 mango, skalade, urkärnade och grovt hackade
- 1 tsk färsk limejuice, ca ½ lime

VÄGBESKRIVNING

a) Vispa den silade yoghurten och sockret i en stor blandningsskål; boka.

b) Använd en mixer och puré mangon med limejuice och 1 kopp av yoghurtblandningen. Kombinera med resten av yoghurt/sockerblandningen. Täck och kyl 1 till 2 timmar, eller över natten.

c) Slå på glassmaskinen; häll blandningen i den frysta frysskålen och låt blanda tills den tjocknat, cirka 15 till 20 minuter. Den frysta yoghurten kommer att ha en mjuk, krämig konsistens. Önskas en fastare konsistens, överför den frysta yoghurten till en lufttät behållare och ställ i frysen i cirka 2 timmar. Ta ut ur frysen ca 15 minuter före servering.

24. Chokladkringla Frozen Yoghurt

Gör cirka 5 koppar (tio ½-kopps portioner)

INGREDIENSER

- 4 koppar helmjölksyoghurt, silad genom en ostduk* i 2 till 4 timmar

- ¾ kopp strösocker

- 1/3 kopp kakaopulver, siktat

- nypa salt

- 1 kopp lättmjölk

- ½ tsk rent vaniljextrakt

- 1 kopp hackad choklad eller yoghurt täckta kringlor

VÄGBESKRIVNING

a) Vispa ihop den silade yoghurten, sockret, kakaopulver, salt, mjölk och vanilj i en stor bunke. Vispa tills sockret har löst sig. Täck över och kyl i 2 till 3 timmar, eller över natten.

b) Slå på glassmaskinen; häll blandningen i den frysta frysskålen och låt blanda tills den tjocknat, cirka 15 till 20 minuter. När glassen nästan är färdigkärnad, tillsätt de hackade kringlorna genom öppningen längst upp på glassmaskinen. Den frysta yoghurten kommer att ha en mjuk, krämig konsistens. Önskas en fastare konsistens, för över glassen till en lufttät behållare och ställ i frysen i ca 2 timmar. Ta ut ur frysen ca 15 minuter före servering.

25. Lågfett jordgubbsfryst yoghurt

Gör cirka 5 koppar (tio ½-kopps portioner)

INGREDIENSER

- 4 koppar lättmjölk yoghurt, silad genom en ostduk* i 2 till 4 timmar
- ½ kopp strösocker
- nypa salt
- 1 tsk rent vaniljextrakt
- 2 msk ljus majssirap
- 1 pund frysta blandade bär
- 1½ msk honung
- 1½ msk färsk citronsaft

VÄGBESKRIVNING

a) I en stor skål, vispa den silade yoghurten med socker, salt, vanilj och majssirap; boka.

b) I en medelstor kastrull, värm bären, honung och citronsaft på låg nivå i cirka 10 minuter, eller tills de precis mjuknat. Sila, kassera vätskan och kyl. När bären svalnat, rör ner i yoghurt/sockerblandningen. Täck över och kyl i 2 till 3 timmar, eller över natten.

c) Slå på glassmaskinen; häll blandningen i den frysta frysskålen och låt blanda tills den tjocknat, cirka 15 till 20 minuter. Den frysta yoghurten kommer att ha en mjuk, krämig konsistens. Önskas en fastare konsistens, överför den frysta yoghurten till en lufttät behållare och ställ i frysen i cirka 2 timmar. Ta ut ur frysen ca 15 minuter före servering.

26. Chèvre frozen yoghurt

GÖR CIRKA 400 G (1 PINT)

INGREDIENSER

- 2 gelatinplattor
- 55 g mjölk [¼ kopp]
- 60 g färsk chèvre [¼ kopp]
- 55 g kärnmjölk [¼ kopp]
- 50 g yoghurt [2 matskedar]
- 100 g glukos [¼ kopp]
- 50 g socker [¼ kopp]
- 2 g kosher salt [½ tesked]
- 0,5 g citronsyra [⅛ tesked]

VÄGBESKRIVNING

a) Blomma gelatinet.

b) Värm lite av mjölken och vispa i gelatinet så att det löser sig. Överför till en mixer och tillsätt den återstående mjölken, chèvre, kärnmjölk, yoghurt, glukos, socker, salt och citronsyra. Puré tills den är slät.

c) Häll basen genom en finmaskig sil i din glassmaskin och frys in enligt tillverkarens anvisningar. Den frysta yoghurten centrifugeras bäst precis innan servering eller användning, men den håller sig i en lufttät behållare i frysen i upp till 2 veckor.

SORBETER

27. Kokossorbet

Gör cirka 6 koppar (tolv ½-kopps portioner)

INGREDIENSER:

- 1½ dl vatten
- 2 koppar strösocker
- 1 hel vaniljstång, halverad och skrapade frön
- nypa salt
- 2 burkar (13,5 uns vardera) osötad kokosmjölk

VÄGBESKRIVNING

a) Kombinera vatten, socker, vaniljstång (inklusive stången) och salt i en medelstor kastrull som står på medelhög värme. Låt blandningen bara koka upp och ta sedan bort från värmen. Låt blandningen dra i 1 timme; stam (kasta pod).

b) Tillsätt kokosmjölken i den silade blandningen. Täck över och kyl över natten.

c) Slå på glassmaskinen; häll blandningen i den frysta frysskålen och låt blanda tills den tjocknat, cirka 15 till 20 minuter. Sorbeten kommer att ha en mjuk, krämig konsistens. Önskas en fastare konsistens, överför sorbeten till en lufttät behållare och ställ i frysen i ca 2 timmar. Ta ut ur frysen ca 15 minuter före servering.

28. Mörk chokladsorbet

Gör cirka 5 koppar (tio ½-kopps portioner)

INGREDIENSER:

- 3 koppar vatten
- 2 koppar strösocker
- nypa salt
- 2 dl kakaopulver, siktat
- 1 tsk rent vaniljextrakt

VÄGBESKRIVNING

a) Förbered en enkel sirap med vatten, socker och salt genom att kombinera alla tre i en medelstor kastrull som ställs in på medelhög värme. Koka blandningen tills sockret är helt upplöst.

b) Tillsätt gradvis kakaopulvret till den enkla sirapen genom att hela tiden vispa tills den är slät. Tillsätt vaniljen och rör om för att kombinera. Täck över och kyl i 2 till 3 timmar, eller över natten.

c) Slå på glassmaskinen; häll blandningen i den frysta frysskålen och låt blanda tills den tjocknat, cirka 15 till 20 minuter. Sorbeten kommer att ha en mjuk, krämig konsistens. Önskas en fastare konsistens, överför sorbeten till en lufttät behållare och ställ i frysen i ca 2 timmar. Ta ut ur frysen ca 15 minuter före servering.

29. Citronbasilikasorbet

Gör cirka 5 koppar (tio ½-kopps portioner)

INGREDIENSER:

- 3 koppar vatten
- 2 koppar strösocker
- 2 msk citronskal, delat
- 1½ koppar packad färsk basilika
- nypa salt
- 3 koppar färsk citronsaft

VÄGBESKRIVNING

a) Förbered en enkel citronsirap med vattnet, sockret och 1½ msk citronskal genom att kombinera alla tre i en medelstor kastrull på medelhög värme. Koka blandningen tills sockret är helt upplöst. Avlägsna från värme.

b) När den enkla sirapen är klar, tillsätt basilika och salt. Låt blandningen dra i 30 minuter. Rör ner citronsaften. Täck över och kyl i 2 till 3 timmar, eller över natten.

c) Sila den kylda blandningen genom en finmaskig sil.

d) Slå på glassmaskinen; häll blandningen i den frysta frysskålen och låt blanda tills den tjocknat, cirka 15 till 20 minuter.

e) När sorbeten nästan är klar, tillsätt det reserverade skalet genom öppningen ovanpå glassmaskinen och låt kärna tills den blandas.

f) Sorbeten kommer att ha en mjuk, krämig konsistens. Önskas en fastare konsistens, överför sorbeten till en lufttät behållare och ställ i frysen i ca 2 timmar. Ta ut ur frysen ca 15 minuter före servering.

30. Hallonsorbet

Gör cirka 5 koppar (tio ½-kopps portioner)

INGREDIENSER:

- 2 koppar vatten
- 1½ koppar strösocker
- nypa bordssalt
- 4 dl frysta hallon, tinade

VÄGBESKRIVNING

a) Förbered en enkel sirap med vattnet och sockret genom att kombinera båda i en medelstor kastrull på medellåg värme. Koka blandningen tills sockret är helt upplöst.

b) När den enkla sirapen är klar, tillsätt saltet och hallonen. Använd en stavmixer och mixa blandningen tills den är slät. Sila hälften av blandningen genom en finmaskig sil för att ta bort fröna.

c) Använd en spatel för att hjälpa till att passera purén genom silen. Ta bort frön och upprepa med den andra halvan. Täck över och kyl i 2 till 3 timmar, eller över natten.

d) Slå på glassmaskinen; häll blandningen i den frysta frysskålen och låt blanda tills den tjocknat, cirka 15 till 20 minuter. Sorbeten kommer att ha en mjuk, krämig konsistens. Önskas en fastare konsistens, överför sorbeten till en lufttät behållare och ställ i frysen i ca 2 timmar.

e) Ta ut ur frysen ca 15 minuter före servering.

31. Guava sorbet

GÖR CIRKA 425 G (1 PINT)

INGREDIENSER

- 1 gelatinblad
- 325 g guava nektar [$1\frac{1}{4}$ koppar]
- 100 g glukos [$\frac{1}{4}$ kopp]
- 0,25 g limejuice [$\frac{1}{8}$ tesked]
- 1 g kosher salt [$\frac{1}{4}$ tesked]

VÄGBESKRIVNING

a) Blomma gelatinet.

b) Värm lite av guava-nektarn och vispa i gelatinet så att det löser sig. Vispa i resterande guavanektar, glukos, limejuice och salt tills allt är helt upplöst och införlivat.

c) Häll blandningen i din glassmaskin och frys in enligt tillverkarens instruktioner. Sorbeten snurras bäst precis innan servering eller användning, men den håller sig i en lufttät behållare i frysen i upp till 2 veckor.

32. Päronsorbet

GÖR CIRKA 480 G (1 PINT)

INGREDIENSER

- 1 gelatinblad
- 400 g päronpuré [2⅓ koppar]
- 50 g glukos [2 matskedar]
- 30 g fläderblomma [1 matsked]
- 0,5 g kosher salt [⅛ tesked]
- 0,5 g citronsyra [⅛ tesked]

VÄGBESKRIVNING

a) Blomma gelatinet.

b) Värm lite av päronpurén och vispa i gelatinet så att det löser sig. Vispa i den återstående päronpurén, glukos, fläderblom, salt och citronsyra tills allt är helt upplöst och inkorporerat.

c) Häll blandningen i din glassmaskin och frys in enligt tillverkarens instruktioner. Sorbeten snurras bäst precis innan servering eller användning, men den håller sig i en lufttät behållare i frysen i upp till 2 veckor.

33. Macererade jordgubbar med libbsticka

GÖR CIRKA 160 G (1½ KOPP)

INGREDIENSER

- 150 g Tristar jordgubbar, skalade
- ½ gren libbsticka, hackad
- 12 g socker [1 matsked]
- 0,5 g kosher salt [⅛ tesked]
- 1 g sherryvinäger [¼ tesked]

VÄGBESKRIVNING

a) Kombinera jordgubbar, libbsticka, socker, salt och vinäger i en liten skål.

b) Kasta försiktigt med en sked tills jordgubbarna är jämnt belagda.

c) Täck över och ställ i kylen i minst 2 timmar, eller upp till 2 dagar, innan servering.

34. Tristar jordgubbssorbet

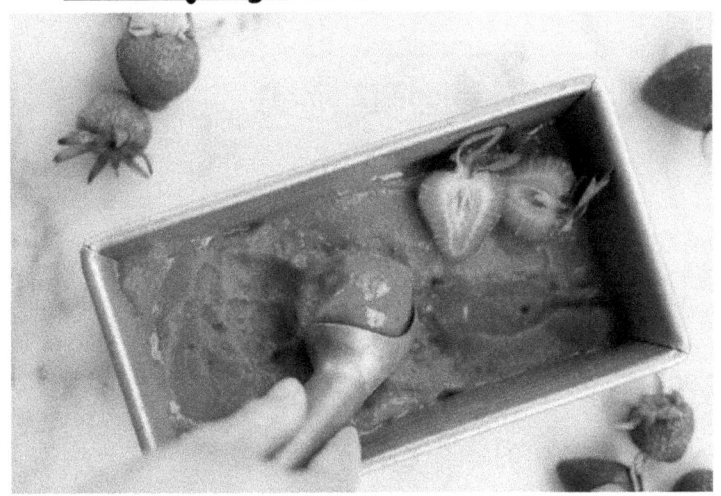

GÖR CIRKA 400 G (1 PINT)

INGREDIENSER

- 300 g Tristar jordgubbar, skalade [2 pints]
- 1 gelatinblad
- 50 g glukos [2 matskedar]
- 25 g socker [2 matskedar]
- 0,5 g kosher salt [$\frac{1}{8}$ tesked]
- 0,5 g citronsyra [$\frac{1}{8}$ tesked]

VÄGBESKRIVNING

a) Mosa jordgubbarna i en mixer. Sila purén genom en finmaskig sil ner i en skål för att sila ur kärnorna.

b) Blomma gelatinet.

c) Värm lite av jordgubbspurén och vispa i gelatinet så att det löser sig. Vispa i resterande jordgubbspuré, glukos, socker, salt och citronsyra tills allt är helt upplöst och införlivat.

d) Häll blandningen i din glassmaskin och frys in enligt tillverkarens instruktioner. Sorbeten snurras bäst precis innan servering eller användning, men den håller sig i en lufttät behållare i frysen i upp till 2 veckor.

35. Sorbet av vit persika

GÖR CIRKA 450 G (1 PINT)

INGREDIENSER

- 400 g mogna vita persikor [ca 5]
- 1 gelatinblad
- 100 g glukos [¼ kopp]
- 2 g kosher salt [½ tesked]
- 0,5 g citronsyra [⅛ tesked]

VÄGBESKRIVNING

a) Skär persikorna på mitten och kärna ur dem. Häll dem i en mixer och puré tills de är jämna och homogena, 1 till 3 minuter. Passera purén genom en finmaskig sil i en medelstor skål. Använd en slev eller sked för att trycka på skräpet av purén för att extrahera så mycket juice som möjligt; du bör bara slänga ett par skedar fast material.

b) Blomma gelatinet.

c) Värm lite av persikopurén och vispa i gelatinet så att det löser sig. Vispa i resterande persikopuré, glukos, salt och citronsyra tills allt är helt upplöst och införlivat.

d) Häll blandningen i din glassmaskin och frys in enligt tillverkarens instruktioner. Sorbeten snurras bäst precis innan servering eller användning, men den håller sig i en lufttät behållare i frysen i upp till 2 veckor.

36. Concord druvsorbet

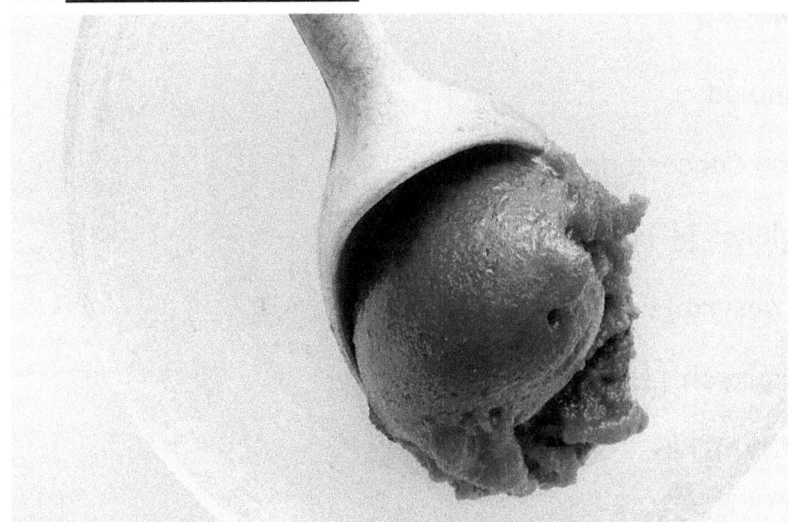

GÖR CIRKA 475 G (1 PINT)

INGREDIENSER

- 1 gelatinblad
- ½ portion Concord druvjuice
- 200 g glukos [½ kopp]
- 2 g citronsyra [½ tesked]
- 1 g kosher salt [¼ tesked]

VÄGBESKRIVNING

a) Blomma gelatinet.

b) Värm lite av druvsaften och vispa i gelatinet så att det löser sig. Vispa i resterande druvjuice, glukos, citronsyra och salt tills allt är helt upplöst och införlivat.

c) Häll blandningen i din glassmaskin och frys in enligt tillverkarens instruktioner. Sorbeten snurras bäst precis innan servering eller användning, men den håller sig i en lufttät behållare i frysen i upp till 2 veckor.

37. Bellini Sorbet

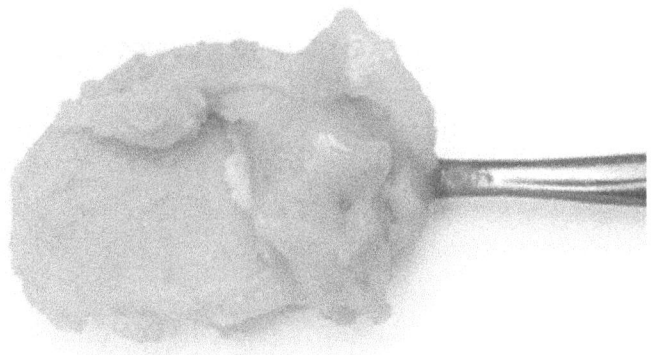

Gör ca 1 liter

INGREDIENSER:

- 4 mogna persikor (ca 1¾ pund), skalade, urkärnade och mosade i en matberedare
- ⅔ kopp socker
- ¼ kopp lätt majssirap
- ⅔ kopp vit Bourgogne
- 3 matskedar färsk citronsaft

VÄGBESKRIVNING:

a) Koka Kombinera de purerade persikorna, sockret, majssirapen, vinet och citronsaften i en medelstor kastrull och låt koka upp under omrörning tills sockret lösts upp. Överför till en medelstor skål och låt svalna.

b) Kyla Ställ sorbetbasen i kylen och kyl i minst 2 timmar.

c) Frys Ta bort den frysta burken från frysen, sätt ihop din glassmaskin och slå på den. Häll sorbetbasen i burken och snurra bara tills den är konsistensen av mycket mjukt vispad grädde.

d) Packa sorbeten i en förvaringsbehållare. Tryck ett ark pergament direkt mot ytan och förslut med ett lufttätt lock.

e) Frys in i den kallaste delen av frysen tills den är fast, minst 4 timmar.

38. Grapefruktsorbet

Gör ca 1 liter

INGREDIENSER:

- 4 druvfrukter
- 3 matskedar färsk citronsaft
- ½ kopp lätt majssirap
- ⅔ kopp socker
- Valfria aromater: Några kvistar dragon, basilika eller lavendel; eller ½ halv vaniljstång delad, fröna borttagna
- ¼ kopp vodka

VÄGBESKRIVNING:

a) Förbered med en skalare, ta bort 3 remsor av skalet från 1 grapefrukt. Skär alla druvfrukter på mitten och pressa 3 koppar juice från dem.

b) Koka Kombinera grapefruktjuice, skal, citronsaft, majssirap och socker i en 4-liters kastrull och låt koka upp, rör om för att lösa upp sockret. Överför till en medelstor skål, tillsätt aromaterna, om du använder, och låt svalna.

c) Kyla Ta bort grapefruktskalet. Ställ sorbetbasen i kylen och kyl i minst 2 timmar.

d) Frys Ta bort sorbetbasen från kylen och sila bort eventuella aromater. Tillsätt vodkan. Ta bort den frysta burken från frysen, sätt ihop din glassmaskin och slå på den. Häll sorbetbasen i burken och snurra bara tills den är konsistensen av mycket mjukt vispad grädde.

e) Packa sorbeten i en förvaringsbehållare. Tryck ett ark pergament direkt mot ytan och förslut med ett lufttätt lock. Frys in i den kallaste delen av frysen tills den är fast, minst 4 timmar.

39. Plommon Sake Sorbet

Gör ca 1 liter

INGREDIENSER:

- 2 pund mogna svarta plommon (cirka 7), urkärnade men oskalade
- ⅔ kopp socker
- ½ kopp lätt majssirap
- 1 kopp plommon sake
- 2 matskedar färsk citronsaft

VÄGBESKRIVNING:

a) Prep Purea plommonen i en matberedare tills de är jämna. Överför till en medelstor skål.

b) Koka Kombinera sockret och majssirap i en 4-liters kastrull och låt koka upp, rör om för att lösa upp sockret. Vispa ner den varma sockerlagen i de mosade plommonen.

c) Kyla Placera plommonblandningen i kylen och kyl i minst 2 timmar.

d) Sila plommonblandningen genom en sil över en skål, tillsätt sedan sake och citronsaft.

e) Frys Ta bort den frysta burken från frysen, sätt ihop din glassmaskin och slå på den. Häll sorbetbasen i burken och snurra bara tills den är konsistensen av mycket mjukt vispad grädde.

f) Packa sorbeten i en förvaringsbehållare. Tryck ett ark pergament direkt mot ytan och förslut med ett lufttätt lock.

g) Frys in i den kallaste delen av frysen tills den är fast, minst 4 timmar.

40. Röd hallonsorbet

Gör ca 1 liter

INGREDIENSER:

- 5 pints hallon
- 1⅓ koppar socker
- 1 kopp majssirap
- ½ kopp vodka

VÄGBESKRIVNING:

a) Prep Purea hallonen i en matberedare tills de är jämna. Tryck genom en sil för att ta bort fröna.

b) Koka Kombinera hallonpuré, socker och majssirap i en 4-liters kastrull och låt koka upp på medelhög värme, rör om för att lösa upp sockret. Ta bort från värmen, överför till en medelstor skål och låt svalna.

c) Kyla Ställ sorbetbasen i kylen och kyl i minst 2 timmar.

d) Frys Ta bort sorbetbasen från kylen och tillsätt vodkan. Ta bort den frysta burken från frysen, sätt ihop din glassmaskin och slå på den. Häll sorbetbasen i burken och snurra bara tills den är konsistensen av mycket mjukt vispad grädde.

e) Packa sorbeten i en förvaringsbehållare. Tryck ett ark pergament direkt mot ytan och förslut med ett lufttätt lock.

f) Frys in i den kallaste delen av frysen tills den är fast, minst 4 timmar.

41. Stenfruktsorbet

Gör ca 1 liter

INGREDIENSER:

- 2 pund stenfrukter (som 1 medium skalad persika, 2 stora plommon, 4 aprikoser och 16 mörkröda körsbär), urkärnade
- ⅔ kopp socker
- ⅓ kopp lätt majssirap
- ¼ kopp stenfruktsvodka

VÄGBESKRIVNING:

a) Prep Purea frukten i en matberedare tills den är slät.

b) Koka Kombinera den mosade frukten, sockret och majssirapen i en 4-liters kastrull och låt sjuda under omrörning för att lösa upp sockret. Ta bort från värmen, överför till en medelstor skål och låt svalna.

c) Kyla Sila blandningen genom en sil i en annan skål. Ställ i kylen och kyl i minst 2 timmar.

d) Frys Ta bort sorbetbasen från kylen och rör ner vodkan. Ta bort den frysta burken från frysen, sätt ihop din glassmaskin och slå på den. Häll sorbetbasen i burken och snurra bara tills den är konsistensen av mycket mjukt vispad grädde.

e) Packa sorbeten i en förvaringsbehållare. Tryck ett ark pergament direkt mot ytan och förslut med ett lufttätt lock.

f) Frys in i den kallaste delen av frysen tills den är fast, minst 4 timmar.

42. Vetegräs & Vinho Verde Sorbet

Gör ca 1 liter

INGREDIENSER:

- 2 mogna päron, halverade, urkärnade och tärnade
- 2 Granny Smith-äpplen, skalade, halverade, urkärnade och tärnade
- ½ kopp vetegräsjuice
- ½ kopp vinho verde
- ¼ kopp lätt majssirap
- 1 kopp socker
- 1 msk färsk citronsaft
- ¼ tesked gurkmeja

VÄGBESKRIVNING:

a) Förbered Purea päron och äpplen i en matberedare tills de är slät. Kombinera purén, vetegräsjuice och vinho verde i en medelstor skål.

b) Koka Kombinera majssirap, socker, citronsaft och gurkmeja, om du använder, i en medelstor kastrull och låt koka upp under omrörning för att lösa upp sockret. Ta av från värmen och rör ner i päron- och äppelmos tills det är ordentligt blandat. Överför till en medelstor skål och låt svalna.

c) Kyla Ställ sorbetbasen i kylen och kyl i minst 2 timmar.

d) Frys Ta bort den frysta burken från frysen, sätt ihop din glassmaskin och slå på den. Häll sorbetbasen i burken och snurra bara tills den är konsistensen av mycket mjukt vispad grädde.

e) Packa sorbeten i en förvaringsbehållare. Tryck ett ark pergament direkt mot ytan och förslut med ett lufttätt lock. Frys in i den kallaste delen av frysen tills den är fast, minst 4 timmar.

FUNKY GASS

43. <u>Graham glass</u>

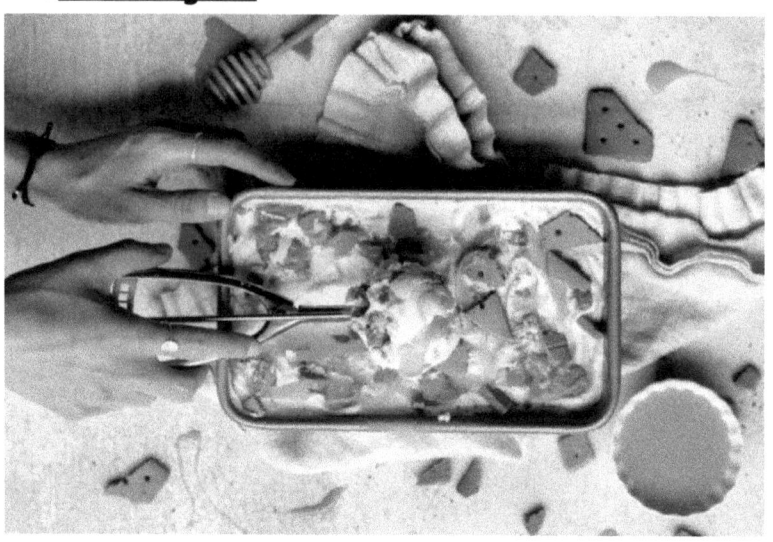

GÖR CIRKA 550 G (1 PINT)

INGREDIENSER

- ¼ portion Graham Crust [85 g (½ kopp)]
- 220 g mjölk [1 kopp]
- 2 gelatinplattor
- 160 g tung grädde [¾ kopp]
- 100 g glukos [¼ kopp]
- 65 g socker [⅓ kopp]
- 40 g mjölkpulver [½ kopp]
- 1 g kosher salt [¼ tesked]

VÄGBESKRIVNING

a) Värm ugnen till 250°F.

b) Häll grahamsskorpan på en bakplåts- eller Silpat-klädd plåt och fördela den jämnt. Grädda i 15 minuter för att rosta den lätt och fördjupa dess smak. Kyl helt.

c) Överför den kylda grahamsskorpan till en kanna. Häll i mjölken och rör om. Låt dra i 20 minuter i rumstemperatur.

d) Sila blandningen genom en finmaskig sil i en medelstor skål. Mjölken kommer att rinna av snabbt till en början och blir sedan tjockare och stärkelsehaltig mot slutet av silningsprocessen. Använd baksidan av en slev (eller din hand) och vrid ut mjölken ur den rostade grahamsskorpan, men tvinga inte den mosiga grahamsskorpan genom silen. Kassera nämnda mos.

e) Blomma gelatinet.

f) Värm lite av grahamsmjölken och vispa i gelatinet så att det löser sig. Vispa i den återstående grahamsmjölken, grädden, glukos, socker, mjölkpulver och salt tills allt är helt upplöst och införlivat.

g) Häll blandningen genom en finmaskig sil i din glassmaskin och frys in enligt tillverkarens anvisningar. Glassen snurras bäst precis innan servering eller användning, men den håller sig i en lufttät behållare i frysen i upp till 2 veckor.

44. Röd sammetsglass

GÖR CIRKA 450 G (1 PINT)

INGREDIENSER

- 1 gelatinblad
- 220 g mjölk [1 kopp]
- ½ portion fudgesås
- 50 g chokladkaka "rester"
- 35 g kakaopulver
- 25 g socker [2 matskedar]
- 25 g glukos [1 matsked]
- 12 g destillerad vit vinäger [1 matsked]
- 12 g kärnmjölk [1 matsked]
- 8 g röd matfärg [2 teskedar]
- 4 g kosher salt [1 tesked]

VÄGBESKRIVNING

a) Blomma gelatinet.

b) Värm lite av mjölken och vispa i gelatinet så att det löser sig. Överför gelatinblandningen till en mixer, tillsätt den återstående mjölken, fudgesåsen, chokladkakan, kakaopulver, socker, glukos, vinäger, kärnmjölk, matfärgning och salt och puré tills den är slät och jämn. Var inte snål med blandningstiden – kakrester måste suga upp vätskan och liksom försvinna i blandningen.

c) Häll blandningen genom en finmaskig sil i din glassmaskin och frys in enligt tillverkarens anvisningar. Glassen snurras bäst precis innan servering eller användning, men den håller sig i en lufttät behållare i frysen i upp till 2 veckor.

45. Pretzel glass

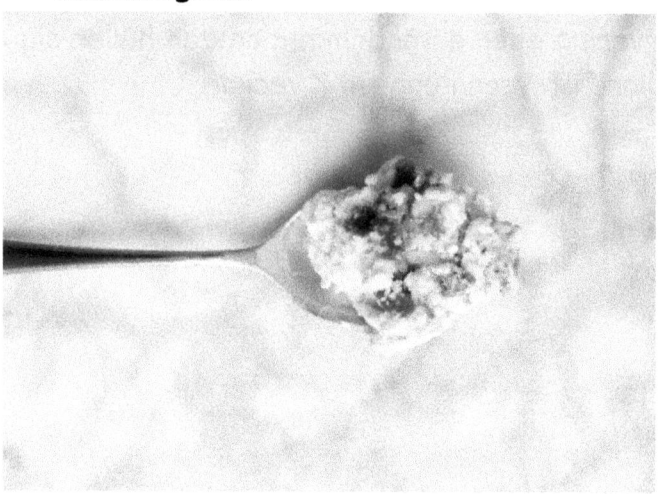

SERVER 8-10

INGREDIENSER

- 300 g mini pretzels [cirka ¾ (16-ounce) påse (6 koppar)]
- 440 g mjölk [2 koppar]
- 1½ gelatinblad
- 200 g glukos [½ kopp]
- 30 g ljust farinsocker [2 matskedar tätt packat]
- 45 g färskost [1½ uns]
- 2 g kosher salt [½ tesked]
- 0,75 g bakpulver [⅛ tesked]

VÄGBESKRIVNING

a) Värm ugnen till 300°F.

b) Bred ut kringlorna på en plåt och rosta i 15 minuter, tills kringlorna har mörknat något. Kyl helt.

c) Lägg kringlorna i en stor skål, häll mjölken över dem och rör om under blötläggning i 2 minuter.

d) Sila mjölkblandningen genom en finmaskig sil och kassera de blöta bitarna av kringla.

e) Blomma gelatinet.

f) Värm lite av kringelmjölken och vispa i gelatinet så att det löser sig. Tillsätt resterande kringelmjölk, glukos, farinsocker, färskost, salt och bakpulver och vispa tills alla ingredienser ÄR helt upplösta och införlivade.

g) Häll blandningen i din glassmaskin och frys in enligt tillverkarens instruktioner. Glassen snurras bäst precis innan servering eller användning, men den håller sig i en lufttät behållare i frysen i upp till 2 veckor.

46. Cheesecake glass

GÖR CIRKA 450 G (1 PINT)

INGREDIENSER

- 1 gelatinblad
- 220 g mjölk [1 kopp]
- ½ portion flytande ostkaka
- 15 g gräddfil [1 matsked]
- ¼ portion Graham Crust [85 g (½ kopp)]
- 20 g mjölkpulver [¼ kopp]
- 2 g kosher salt [½ tesked]

VÄGBESKRIVNING

a) Blomma gelatinet.

b) Värm lite av mjölken och vispa i gelatinet så att det löser sig.

c) Överför gelatinblandningen till en mixer, tillsätt den återstående mjölken, den flytande cheesecaken, gräddfil, grahamsskorpa, mjölkpulver och salt och puré tills den är slät och jämn. Var inte snål med blandningstiden: du vill se till att grahamsskorpan är helt flytande; annars kommer din cheesecakesglass att sakna den smaken.

d) Häll glassbotten genom en finmaskig sil i din glassmaskin och frys in enligt tillverkarens anvisningar.

47. Sweet Cream Ice Cream

Gör ca 1 liter

INGREDIENSER:

- 2⅔ koppar helmjölk
- 1 matsked plus 2 teskedar majsstärkelse
- 2 uns (4 matskedar) färskost, mjukad
- ⅛ tesked fint havssalt
- 1½ dl tjock grädde
- ¾ kopp socker
- ¼ kopp lätt majssirap

VÄGBESKRIVNING:

a) Blanda cirka 2 matskedar av mjölken med majsstärkelsen i en liten skål för att göra en slät uppslamning.

b) Vispa färskost och salt i en medelstor skål tills den är slät.

c) Fyll en stor skål med is och vatten.

d) Koka Kombinera den återstående mjölken, grädden, sockret och majssirapen i en 4-liters kastrull, låt koka upp på medelhög värme och koka i 4 minuter. Ta av från värmen och vispa gradvis i majsstärkelseuppslamningen. Koka upp blandningen igen på medelhög värme och koka under

omrörning med en värmebeständig spatel tills den tjocknat något, cirka 1 minut. Ta bort från värmen.

e) Chill Vispa gradvis ner den varma mjölkblandningen i färskosten tills den är slät. Häll blandningen i en 1-liters Ziplock- fryspåse och sänk ned den förseglade påsen i isbadet. Låt stå, tillsätt mer is vid behov, tills den är kall, cirka 30 minuter.

f) Frys Ta bort den frysta burken från frysen, sätt ihop din glassmaskin och slå på den. Häll glassbotten i burken och snurra tills den är tjock och krämig.

g) Packa glassen i en förvaringsbehållare. Tryck ett ark pergament direkt mot ytan och förslut med ett lufttätt lock. Frys in i den kallaste delen av frysen tills den är fast, minst 4 timmar.

h) För att lägga till varianter: För att lägga sylt eller såser i glass, börja med att ringla en sked i botten av förvaringsbehållaren och breda ett lager glass över den. Lägg ytterligare några skedar i glassens skrymslen och lägg sedan på ytterligare ett glasslager.

i) Fortsätt lägga såsen och glassen tills all glass är förbrukad. Såsen ska inte täcka hela lagret.

48. Absint & Marängglass

Gör ca 1 liter

INGREDIENSER:

- 2⅔ koppar helmjölk

- 1 matsked plus 2 teskedar majsstärkelse

- 2 uns (4 matskedar) färskost, mjukad

- ½ tsk matchapulver

- ⅛ tesked fint havssalt

- 1½ dl tjock grädde

- ¾ kopp socker

- ¼ kopp lätt majssirap

- 1¼ kopp absint, Pernod eller pastis

- ½ tesked anisextrakt

- 1 kopp smulad (cirka ¼-tums smulor) maräng från Marängkaka (ca 1 maräng) eller köpt i butik

VÄGBESKRIVNING:

a) Blanda cirka 2 matskedar av mjölken med majsstärkelsen i en liten skål för att göra en slät uppslamning.

b) Vispa färskost, matcha och salt i en medelstor skål tills den är slät.

c) Fyll en stor skål med is och vatten.

d) Koka Kombinera den återstående mjölken, grädden, sockret och majssirapen i en 4-liters kastrull, låt koka upp på medelhög värme och koka i 4 minuter. Ta av från värmen och vispa gradvis i majsstärkelseuppslamningen. Koka upp blandningen igen på medelhög värme och koka under omrörning med en värmebeständig spatel tills den tjocknat något, cirka 1 minut. Ta bort från värmen.

e) Chill Vispa gradvis ner den varma mjölkblandningen i färskosten tills den är slät. Häll blandningen i en 1-liters Ziplock- fryspåse och sänk ned den förseglade påsen i isbadet. Låt stå, tillsätt mer is vid behov, tills den är kall, cirka 30 minuter.

f) Frys Ta bort den frysta burken från frysen, sätt ihop din glassmaskin och slå på den. Häll glassbotten i burken och snurra tills den är tjock och krämig.

g) Packa glassen i en förvaringsbehållare. Rör ner absint och anisextrakt och blanda i marängbitarna allt eftersom. Tryck ett ark pergament direkt mot ytan och förslut med ett lufttätt lock. Frys in i den kallaste delen av frysen tills

49. Black Forest Cake Glass

Gör ca 1 liter

INGREDIENSER:

- ⅔ kopp ½-tums smula
- ¼ kopp rinnig chokladsås, kyld
- ½ kopp Amarena körsbär
- 1¼ koppar tung grädde
- 2 matskedar majsstärkelse
- 3 uns (6 matskedar) färskost, mjukad
- ¼ tesked fint havssalt
- ⅔ kopp socker
- 2 msk ljus majssirap
- 2 dl kärnmjölk, helmjölk eller 2 % mjölk

VÄGBESKRIVNING:

a) Lägg kaksmulorna i en liten skål, tillsätt chokladsåsen och rör om lätt för att täcka, tillsätt sedan Amarena-körsbären och rör om för att fördela jämnt. Frys in medan du gör glassen. (Tårtblandningen kan frysas i upp till 1 månad.)

b) Blanda cirka ¼ kopp av grädden med majsstärkelsen i en liten skål för att göra en slät uppslamning.

c) Vispa färskost och salt i en medelstor skål tills den är slät.

d) Fyll en stor skål med is och vatten.

e) Koka Kombinera den återstående grädden, sockret och majssirap i en 4-liters kastrull, låt koka upp på medelhög värme och koka i 4 minuter. Ta av från värmen och vispa gradvis i majsstärkelseuppslamningen. Koka upp blandningen igen på medelhög värme och koka under omrörning med en värmebeständig spatel tills den tjocknat något, cirka 20 sekunder. Ta bort från värmen.

f) Chill Vispa gradvis ner den varma mjölkblandningen i färskosten tills den är slät och rör sedan i kärnmjölken. Häll blandningen i en 1-liters Ziplock- påse och sänk ned den förseglade påsen i isbadet. Låt stå, tillsätt mer is vid behov, tills den är kall, cirka 30 minuter.

g) Frys Ta bort den frysta burken från frysen, sätt ihop din glassmaskin och slå på den. Häll glassbotten i burken och snurra tills den är tjock och krämig.

h) Packa glassen i en förvaringsbehållare, varva glassen och små skedar av kakblandningen. Tryck ett ark pergament direkt mot ytan och förslut med ett lufttätt lock. Frys in i den kallaste delen av frysen tills den är fast, minst 4 timmar.

50. Ost & Guava Jam Glass

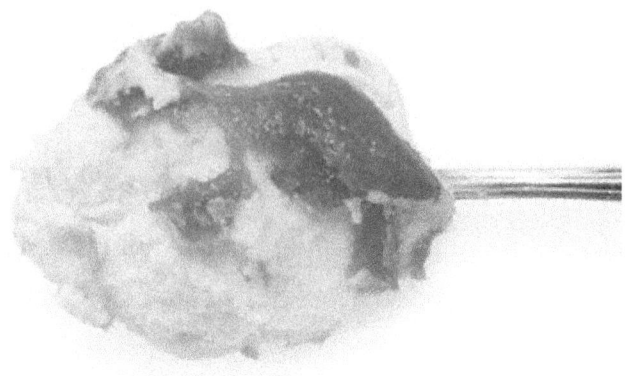

Gör ca 1 liter

INGREDIENSER:

- 2⅔ koppar helmjölk

- 1 matsked plus 2 teskedar majsstärkelse

- 6 uns (¾ kopp) färskost, mjukad

- ⅛ tesked fint havssalt

- 1½ dl tjock grädde

- ¾ kopp socker

- ¼ kopp lätt majssirap

- ½ kopp Guavasylt

VÄGBESKRIVNING:

a) Blanda cirka 2 matskedar av mjölken med majsstärkelsen i en liten skål för att göra en slät uppslamning.

b) Vispa ost och salt i en medelstor skål tills det är slätt.

c) Fyll en stor skål med is och vatten.

d) Koka Kombinera den återstående mjölken, grädden, sockret och majssirapen i en 4-liters kastrull, låt koka upp på medelhög värme och koka i 4 minuter. Ta av från värmen och vispa gradvis i majsstärkelseuppslamningen. Koka upp blandningen igen på medelhög värme och koka under

omrörning med en värmebeständig spatel tills den tjocknat något, cirka 1 minut. Ta bort från värmen.

e) Chill Vispa gradvis ner den varma mjölkblandningen i osten tills den är slät. Häll blandningen i en 1-liters Ziplock-fryspåse och sänk ned den förseglade påsen i isbadet. Låt stå, tillsätt mer is vid behov, tills den är kall, cirka 30 minuter.

f) Frys Ta bort den frysta burken från frysen, sätt ihop din glassmaskin och slå på den. Häll glassbotten i den frysta burken och snurra tills den är tjock och krämig.

g) Packa glassen i en förvaringsbehållare, lägg i lager i sylten när du går. Tryck ett ark pergament direkt mot ytan och förslut med ett lufttätt lock. Frys in i den kallaste delen av frysen tills den är fast, minst 4 timmar.

51. Grädde kex med persikosylt

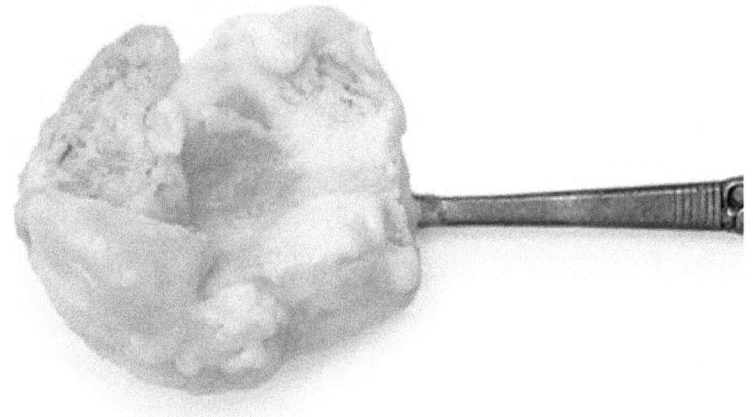

Gör ca 1 liter

INGREDIENSER:

- 1¼ koppar tung grädde
- 2 matskedar majsstärkelse
- 3 uns (6 matskedar) färskost, mjukad
- ¼ tesked fint havssalt
- ⅔ kopp socker
- 2 msk ljus majssirap
- 2 dl kärnmjölk, helmjölk eller 2 % mjölk
- ½ kopp smulade Sweet Cream Shortcakes, frysta eller köpta kex
- ¼ kopp persikosylt, kyld

VÄGBESKRIVNING:

a) Blanda cirka ¼ kopp av grädden med majsstärkelsen i en liten skål för att göra en slät uppslamning.

b) Vispa färskost och salt i en medelstor skål tills den är slät.

c) Fyll en stor skål med is och vatten.

d) Koka Kombinera den återstående grädden, sockret och majssirap i en 4-liters kastrull, låt koka upp på medelhög värme och koka i 4 minuter. Ta av från värmen och vispa gradvis i majsstärkelseuppslamningen. Koka upp blandningen igen på medelhög värme och koka under omrörning med en värmebeständig spatel tills den tjocknat något, cirka 20 sekunder. Ta bort från värmen.

e) Chill Vispa gradvis ner den varma mjölkblandningen i färskosten tills den är slät. Rör ner kärnmjölken.

f) Häll blandningen i en 1-liters Ziplock- påse och sänk ned den förseglade påsen i isbadet. Låt stå, tillsätt mer is vid behov, tills den är kall, cirka 30 minuter.

g) Frys Ta bort den frysta burken från frysen, sätt ihop din glassmaskin och slå på den. Häll glassbotten i den frysta burken och snurra tills den är tjock och krämig.

h) Packa glassen i en förvaringsbehållare, blanda i de smulade kexen och sylten allt eftersom.

i) Tryck ett ark pergament direkt mot ytan och förslut med ett lufttätt lock. Frys in i den kallaste delen av frysen tills den är fast, minst 4 timmar.

52. Kummin & honung smörkola

Gör ca 1 liter

INGREDIENSER:

- 2⅔ koppar helmjölk
- 1 matsked plus 2 teskedar majsstärkelse
- 2 uns (4 matskedar) färskost, mjukad
- ¼ tesked fint havssalt
- 1 tsk gurkmeja (för färg, valfritt)
- ¼ tesked mald spiskummin
- ½ kopp honung
- 1½ dl tjock grädde
- ½ kopp socker
- 4 droppar naturlig smörarom

VÄGBESKRIVNING:

a) Blanda cirka 2 matskedar av mjölken med majsstärkelsen i en liten skål för att göra en slät uppslamning.

b) Vispa färskost, salt, gurkmeja, om du använder, och spiskummin i en medelstor skål tills den är slät.

c) Fyll en stor skål med is och vatten.

d) Koka Värm honungen i en 4-liters kastrull på medelhög värme tills den börjar koka och precis börjar ryka. Ta kastrullen från värmen och rör ner ca $\frac{1}{4}$ kopp av grädden. Tillsätt långsamt resten av grädden, rör om tills den är inkorporerad.

e) Tillsätt den återstående mjölken och sockret i pannan, låt koka upp på medelhög värme och låt koka i 4 minuter. Ta av från värmen och vispa gradvis i majsstärkelseuppslamningen.

f) Koka upp blandningen igen på medelhög värme och koka under omrörning med en värmebeständig spatel tills den tjocknat något, cirka 1 minut. Ta bort från värmen.

g) Chill Vispa gradvis ner den varma mjölkblandningen i färskosten tills den är slät. Häll blandningen i en 1-liters Ziplock- fryspåse och sänk ned den förseglade påsen i isbadet. Låt stå, tillsätt mer is vid behov, tills den är kall, cirka 30 minuter. Rör ner smörsmaken.

h) Frys Ta bort den frysta burken från frysen, sätt ihop din glassmaskin och slå på den. Häll glassbotten i burken och snurra tills den är tjock och krämig.

i) Packa glassen i en förvaringsbehållare. Tryck ett ark pergament direkt mot ytan och förslut med ett lufttätt lock. Frys in i den kallaste delen av frysen tills den är fast, minst 4 timmar.

53. Enbär & Lemon Curd Glass

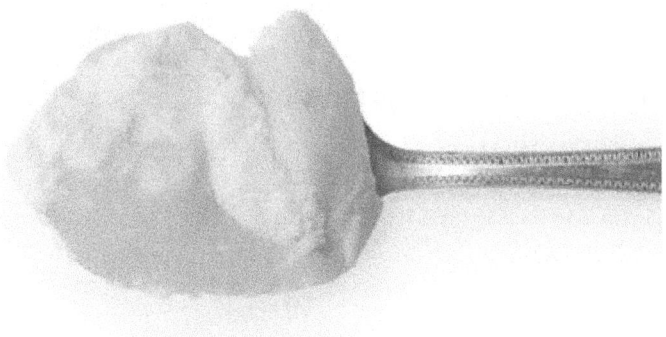

Gör ca 1 liter

INGREDIENSER:

- 2⅔ koppar helmjölk
- 1 matsked plus 2 teskedar majsstärkelse
- 2 uns (4 matskedar) färskost, mjukad
- ⅛ tesked fint havssalt
- 1½ dl tjock grädde
- ¾ kopp socker
- ¼ kopp lätt majssirap
- 1 till 2 droppar eterisk enbärsolja
- ⅔ kopp Lemon Curd

VÄGBESKRIVNING:

a) Blanda cirka 2 matskedar av mjölken med majsstärkelsen i en liten skål för att göra en slät uppslamning.

b) Vispa färskost och salt i en medelstor skål tills den är slät.

c) Fyll en stor skål med is och vatten.

d) Koka Kombinera den återstående mjölken, grädden, sockret och majssirapen i en 4-liters kastrull, låt koka upp på medelhög värme och koka i 4 minuter. Ta av från värmen och vispa gradvis i majsstärkelseuppslamningen. Koka upp blandningen igen på medelhög värme och koka under omrörning med en värmebeständig spatel tills den tjocknat något, cirka 1 minut. Ta bort från värmen.

e) Chill Vispa gradvis ner den varma mjölkblandningen i färskosten tills den är slät. Häll blandningen i en 1-liters Ziplock- fryspåse och sänk ned den förseglade påsen i isbadet. Låt stå, tillsätt mer is vid behov, tills den är kall, cirka 30 minuter.

f) Frys Ta bort den frysta burken från frysen, sätt ihop din glassmaskin och slå på den. Häll glassbotten i burken och tillsätt enbäroljan. Snurra tills det är tjockt och krämigt.

g) Packa glassen i en förvaringsbehållare, lägg i lemoncurden allt eftersom. Tryck ett ark pergament direkt mot ytan och förslut med ett lufttätt lock. Frys in i den kallaste delen av frysen tills den är fast, minst 4 timmar.

54. Choklad & Whiskyglass

Gör ca 1 liter

INGREDIENSER:

CHOKLADPAST

- ½ kopp bryggt kaffe (valfri temperatur)
- ¼ kopp socker
- ⅔ kopp holländskt bearbetat kakaopulver
- 1½ uns osötad choklad, finhackad

GASSBAS

- 2⅔ koppar helmjölk
- 1 matsked plus 2 teskedar majsstärkelse
- 2 uns (4 matskedar) färskost, mjukad
- ⅛ tesked fint havssalt
- 1½ dl tjock grädde
- ¾ kopp socker
- 3 matskedar lätt majssirap
- 3 msk kumminfrön, lätt krossade
- ½ kopp rågwhisky

VÄGBESKRIVNING:

a) Kombinera kaffe, socker och kakao i en liten kastrull, koka upp på medelvärme och koka i 30 sekunder, rör om för att lösa upp sockret. Ta av från värmen och tillsätt chokladen. Låt stå i några minuter och rör sedan om tills det är väldigt slätt.

b) Blanda cirka 2 matskedar av mjölken med majsstärkelsen i en liten skål för att göra en slät uppslamning.

c) Vispa färskost, varm chokladpasta och salt i en medelstor skål tills den är slät.

d) Fyll en stor skål med is och vatten.

e) Koka Kombinera den återstående mjölken, grädden, sockret och majssirapen i en 4-liters kastrull och låt koka upp på medelhög värme. Rör ner kummin och låt koka i 4 minuter. Ta av från värmen och vispa gradvis i majsstärkelseuppslamningen. Koka upp blandningen igen på medelhög värme och koka under omrörning med en värmebeständig spatel tills den tjocknat något, cirka 1 minut. Ta bort från värmen.

f) Chill Vispa gradvis ner den varma mjölkblandningen i färskostblandningen tills den är slät. Rör ner whiskyn. Häll blandningen i en 1-liters Ziplock- fryspåse och sänk ned den förseglade påsen i isbadet. Låt stå, tillsätt mer is vid behov, tills den är kall, cirka 30 minuter.

g) Frys Ta bort den frysta burken från frysen, sätt ihop din glassmaskin och slå på den. Häll glassbotten i den frysta burken och snurra tills den är tjock och krämig.

h) Packa glassen i en förvaringsbehållare. Tryck ett ark pergament direkt mot ytan och förslut med ett lufttätt lock. Frys in i den kallaste delen av frysen tills den är fast, minst 4 timmar.

55. Kokos-Cajeta glass

Gör ca 1 liter

INGREDIENSER:

- ½ kopp osötade kokosflingor
- 2⅔ koppar helmjölk
- 1 matsked plus 2 teskedar majsstärkelse
- 2 uns (4 matskedar) färskost, mjukad
- ⅛ tesked fint havssalt
- 1½ dl tjock grädde
- ¾ kopp socker
- ¼ kopp lätt majssirap
- 2 till 3 droppar kokosextrakt (valfritt)
- ⅓ kopp Cajeta

VÄGBESKRIVNING:

a) Värm ugnen till 325°F.

b) Bred ut kokosen på en plåt. Rosta i 10 minuter, ta sedan ut ur ugnen och kasta med en värmebeständig spatel, se till att föra in ytterkanterna av kokosnöten mot den inre mindre rostade delen. Bred ut och rosta i 5 minuter till, släng sedan igen. Upprepa tills kokosen är jämnt gyllenbrun och mycket väldoftande. Ta ut ur ugnen och låt svalna helt.

c) Blanda cirka 2 matskedar av mjölken med majsstärkelsen i en liten skål för att göra en slät uppslamning.

d) Vispa färskost och salt i en medelstor skål tills den är slät.

e) Fyll en stor skål med is och vatten.

f) Koka Kombinera den återstående mjölken, grädden, sockret och majssirapen i en 4-liters kastrull, låt koka upp på medelhög värme och koka i 4 minuter. Ta av från värmen och vispa gradvis i majsstärkelseuppslamningen. Koka upp blandningen igen på medelhög värme och koka under omrörning med en värmebeständig spatel tills den tjocknat något, cirka 1 minut. Ta bort från värmen.

g) Chill Vispa gradvis ner den varma mjölkblandningen i färskosten tills den är slät. Tillsätt kokosextraktet om du använder det. Häll blandningen i en 1-liters Ziplock-fryspåse och sänk ned den förseglade påsen i isbadet. Låt stå, tillsätt mer is vid behov, tills den är kall, cirka 30 minuter.

h) Frys Ta bort den frysta burken från frysen, sätt ihop din glassmaskin och slå på den. Häll glassbotten i burken och snurra tills den är tjock och krämig.

i) Packa glassen i en förvaringsbehållare, blanda i den rostade kokosen och lägg i såsen allt eftersom. Tryck ett ark pergament direkt mot ytan och förslut med ett lufttätt lock. Frys in i den kallaste delen av frysen tills den är fast, minst 4 timmar.

56. Root Beer Glass

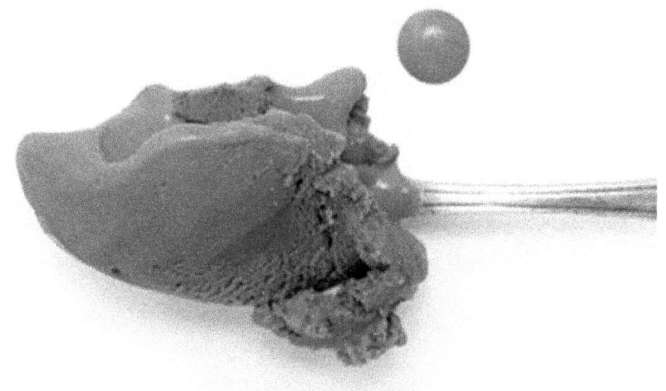

Gör ca 1 liter

INGREDIENSER:

- 2⅔ koppar helmjölk
- 1 matsked plus 2 teskedar majsstärkelse
- 2 uns (4 matskedar) färskost, mjukad
- ⅛ tesked fint havssalt
- 1½ dl tjock grädde
- ¾ kopp socker
- ¼ kopp lätt majssirap
- 2 matskedar root beer koncentrat

VÄGBESKRIVNING:

a) Blanda cirka 2 matskedar av mjölken med majsstärkelsen i en liten skål för att göra en slät uppslamning.

b) Vispa färskost och salt i en medelstor skål tills den är slät.

c) Fyll en stor skål med is och vatten.

d) Koka Kombinera den återstående mjölken, grädden, sockret och majssirapen i en 4-liters kastrull, låt koka upp på medelhög värme och koka i 4 minuter. Ta av från värmen och vispa gradvis i majsstärkelseuppslamningen. Koka upp blandningen igen på medelhög värme och koka under

omrörning med en värmebeständig spatel tills den tjocknat något, cirka 1 minut. Ta bort från värmen.

e) Chill Vispa gradvis ner den varma mjölkblandningen i färskosten tills den är slät. Tillsätt rotölskoncentratet. Häll blandningen i en 1-liters Ziplock- fryspåse och sänk ned den förseglade påsen i isbadet. Låt stå, tillsätt mer is vid behov, tills den är kall, cirka 30 minuter.

f) Frys Ta bort den frysta burken från frysen, sätt ihop din glassmaskin och slå på den. Häll glassbotten i den frysta burken och snurra tills den är tjock och krämig.

g) Packa glassen i en förvaringsbehållare. Tryck ett ark pergament direkt mot ytan och förslut med ett lufttätt lock. Frys in i den kallaste delen av frysen tills den är fast, minst 4 timmar.

57. Magnolia Mochi Glass

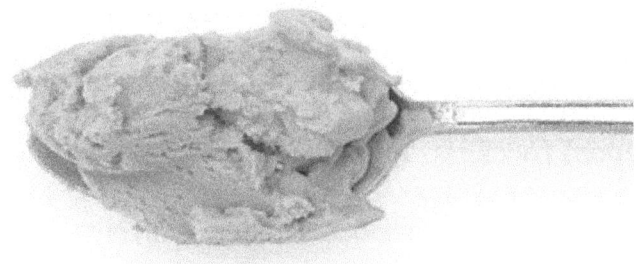

Gör ca 1 liter

INGREDIENSER:

- 2⅔ koppar helmjölk
- 1 matsked plus 2 teskedar majsstärkelse
- 2 uns (4 matskedar) färskost, mjukad
- 1 matsked rödbetspulver (för färg, se Källor, valfritt)
- ¼ tesked gurkmeja (för färg, valfritt)
- ⅛ tesked fint havssalt
- 1½ dl tjock grädde
- ¾ kopp socker
- ¼ kopp lätt majssirap
- 1 till 2 droppar magnolia eterisk olja
- ½ kopp ⅛-tums kuber Mochi Cake, fryst

VÄGBESKRIVNING:

a) Blanda cirka 2 matskedar av mjölken med majsstärkelsen i en liten skål för att göra en slät uppslamning.

b) Vispa färskost, rödbetspulver och gurkmeja om du använder och salt i en medelstor skål tills den är slät.

c) Fyll en stor skål med is och vatten.

d) Koka Kombinera den återstående mjölken, grädden, sockret och majssirapen i en 4-liters kastrull, låt koka upp på medelhög värme och koka i 4 minuter. Ta av från värmen och vispa gradvis i majsstärkelseuppslamningen. Koka upp blandningen igen på medelhög värme och koka under omrörning med en värmebeständig spatel tills den tjocknat något, cirka 1 minut. Ta bort från värmen.

e) Chill Vispa gradvis ner den varma mjölkblandningen i färskosten tills den är slät. Häll blandningen i en 1-liters Ziplock- fryspåse och sänk ned den förseglade påsen i isbadet. Låt stå, tillsätt mer is vid behov, tills den är kall, cirka 30 minuter.

f) Frys Ta bort den frysta burken från frysen, sätt ihop din glassmaskin och slå på den. Häll glassbasen i burken, tillsätt den eteriska magnoliaoljan och snurra tills den är tjock och krämig.

g) Packa glassen i en förvaringsbehållare, blanda i kaktärningarna allt eftersom. Tryck ett ark pergament direkt mot ytan och förslut med ett lufttätt lock. Frys in i den kallaste delen av frysen tills den är fast, minst 4 timmar.

58. Graham Cracker Glass

Gör ca 1 liter

INGREDIENSER:

- 2⅔ koppar helmjölk
- 1 matsked plus 2 teskedar majsstärkelse
- 2 uns (4 matskedar) färskost, mjukad
- ⅛ tesked fint havssalt
- 1½ dl tjock grädde
- ¾ kopp socker
- ¼ kopp lätt majssirap
- ½ kopp grovt hackad grahams kex

VÄGBESKRIVNING:

a) Blanda cirka 2 matskedar av mjölken med majsstärkelsen i en liten skål för att göra en slät uppslamning.

b) Vispa färskost och salt i en medelstor skål tills den är slät.

c) Fyll en stor skål med is och vatten.

d) Koka Kombinera den återstående mjölken, grädden, sockret och majssirapen i en 4-liters kastrull, låt koka upp på medelhög värme och koka i 4 minuter. Ta av från värmen och vispa gradvis i majsstärkelseuppslamningen. Koka upp blandningen igen på medelhög värme och koka under

omrörning med en värmebeständig spatel tills den tjocknat något, cirka 1 minut. Ta bort från värmen.

e) Chill Vispa gradvis ner den varma mjölkblandningen i färskosten tills den är slät. Tillsätt kexen och låt blandningen dra tills kexen löst sig, cirka 3 minuter. Tvinga blandningen genom en sil, häll den sedan i en 1-liters Ziplock -fryspåse och sänk ned den förseglade påsen i isbadet. Låt stå, tillsätt mer is vid behov, tills den är kall, cirka 30 minuter.

f) Frys Ta bort den frysta burken från frysen, sätt ihop din glassmaskin och slå på den. Häll glassbotten i den frysta burken och snurra tills den är tjock och krämig.

g) Packa glassen i en förvaringsbehållare. Tryck ett ark pergament direkt mot ytan och förslut med ett lufttätt lock. Frys in i den kallaste delen av frysen tills den är fast, minst 4 timmar.

59. Ost Graham Cracker Glass

Gör ca 1 liter

INGREDIENSER:

- 2⅔ koppar helmjölk
- 1 matsked plus 2 teskedar majsstärkelse
- 2 uns Gorgonzola dolce
- ⅛ tesked fint havssalt
- 1½ dl tjock grädde
- ¾ kopp socker
- ¼ kopp lätt majssirap
- ½ kopp grovt hackade grahams kex

VÄGBESKRIVNING:

a) Blanda cirka 2 matskedar av mjölken med majsstärkelsen i en liten skål för att göra en slät uppslamning.

b) Vispa Gorgonzola dolce och salt i en medelstor skål tills den är slät.

c) Fyll en stor skål med is och vatten.

d) Koka Kombinera den återstående mjölken, grädden, sockret och majssirapen i en 4-liters kastrull, låt koka upp på medelhög värme och koka i 4 minuter. Ta av från värmen och vispa gradvis i majsstärkelseuppslamningen. Koka upp blandningen igen på medelhög värme och koka under omrörning med en värmebeständig spatel tills den tjocknat något, cirka 1 minut. Ta bort från värmen.

e) Chill Vispa gradvis ner den varma mjölkblandningen i färskosten tills den är slät. Tillsätt kexen och låt blandningen dra tills kexen löst sig, cirka 3 minuter. Tvinga blandningen genom en sil, häll den sedan i en 1-liters Ziplock-fryspåse och sänk ned den förseglade påsen i isbadet. Låt stå, tillsätt mer is vid behov, tills den är kall, cirka 30 minuter.

f) Frys Ta bort den frysta burken från frysen, sätt ihop din glassmaskin och slå på den. Häll glassbotten i den frysta burken och snurra tills den är tjock och krämig.

g) Packa glassen i en förvaringsbehållare. Tryck ett ark pergament direkt mot ytan och förslut med ett lufttätt lock. Frys in i den kallaste delen av frysen tills den är fast, minst 4 timmar.

60. Honungsglass med kärnmjölk

Gör ca 1 liter

INGREDIENSER:

- 2 dl kärnmjölk
- 1 matsked plus 2 teskedar majsstärkelse
- 2 uns (4 matskedar) färskost, mjukad
- $\frac{1}{4}$ tesked fint havssalt
- $\frac{1}{2}$ tesked gurkmeja (för färg, valfritt)
- Nypa cayennepeppar, eller efter smak
- ⅔ kopp honung
- 1$\frac{1}{2}$ dl tjock grädde
- $\frac{1}{2}$ kopp honung majs brödgrus

VÄGBESKRIVNING:

a) Blanda cirka 2 matskedar av kärnmjölken med majsstärkelsen i en liten skål för att göra en slät uppslamning.

b) Vispa färskost, salt och gurkmeja, om du använder, och cayennepeppar i en medelstor skål tills den är slät.

c) Fyll en stor skål med is och vatten.

d) Koka Värm honungen i en 4-liters kastrull på medelhög värme tills den börjar koka och precis börjar ryka. Ta kastrullen från värmen och rör ner ca ¼ kopp av grädden. Tillsätt långsamt resten av grädden, rör om tills den är inkorporerad.

e) Tillsätt den återstående kärnmjölken, låt koka upp på medelhög värme och koka i 4 minuter. Ta av från värmen och vispa gradvis i majsstärkelseuppslamningen. Koka upp blandningen igen på medelhög värme och koka under omrörning med en värmebeständig spatel tills den tjocknat något, cirka 1 minut. Ta bort från värmen.

f) Chill Vispa gradvis ner den varma mjölkblandningen i färskosten tills den är slät. Häll blandningen i en 1-liters Ziplock- fryspåse och sänk ned den förseglade påsen i isbadet. Låt stå, tillsätt mer is vid behov, tills den är kall, cirka 30 minuter.

g) Frys Ta bort den frysta burken från frysen, sätt ihop din glassmaskin och slå på den. Häll glassbotten i den frysta burken och snurra tills den är tjock och krämig.

h) Packa glassen i en förvaringsbehållare, blanda i majsbrödsgruset allt eftersom. Tryck ett ark pergament direkt mot ytan och förslut med ett lufttätt lock. Frys in i den kallaste delen av frysen tills den är fast, minst 4 timmar.

61. Pumpernickel glass

Gör ca 1 liter

INGREDIENSER:

- 2⅔ koppar helmjölk
- 1 matsked plus 2 teskedar majsstärkelse
- 2 uns (4 matskedar) färskost, mjukad
- ⅛ tesked fint havssalt
- 1½ dl tjock grädde
- ¾ kopp socker
- 2 matskedar melass
- 2 msk ljus majssirap
- 3 till 4 droppar kummin eterisk olja
- ½ kopp Pumpernickel Grus

VÄGBESKRIVNING:

a) Blanda cirka 2 matskedar av mjölken med majsstärkelsen i en liten skål för att göra en slät uppslamning.

b) Vispa färskost och salt i en medelstor skål tills den är slät.

c) Fyll en stor skål med is och vatten.

d) Koka Kombinera den återstående mjölken, grädden, sockret, melass och majssirap i en 4-liters kastrull, koka upp på medelhög värme och koka i 4 minuter. Ta av från värmen och vispa gradvis i majsstärkelseuppslamningen. Koka upp blandningen igen på medelhög värme och koka under omrörning med en värmebeständig spatel tills den tjocknat något, cirka 1 minut. Ta bort från värmen.

e) Chill Vispa gradvis ner den varma mjölkblandningen i färskosten tills den är slät. Häll blandningen i en 1-liters Ziplock- fryspåse och sänk ned den förseglade påsen i isbadet. Låt stå, tillsätt mer is vid behov, tills den är kall, cirka 30 minuter.

f) Frys Ta bort den frysta burken från frysen, sätt ihop din glassmaskin och slå på den. Häll glassbasen i burken, tillsätt kumminoljan och snurra tills den är tjock och krämig.

g) Packa glassen i en förvaringsbehållare, blanda i pumpernickel-gruset allt eftersom. Tryck ett ark pergament direkt mot ytan och förslut med ett lufttätt lock.

h) Frys in i den kallaste delen av frysen tills den är fast, minst 4 timmar.

62. Hummingbird Cake Glass

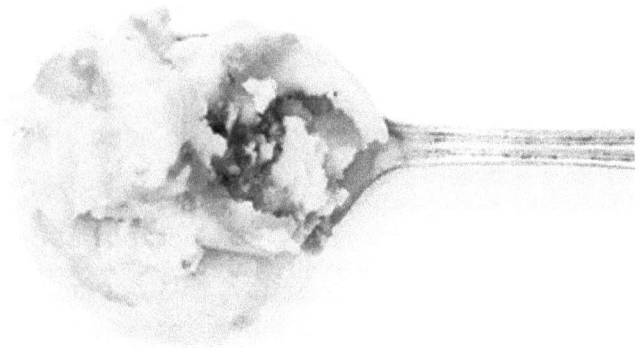

Gör ca 1 liter

INGREDIENSER:

- ½ kopp grovt smulad Lady Cake, kyld
- 3 msk ananassås, kyld
- 2 msk hackade rostade pekannötter
- 2⅔ koppar helmjölk
- 1 matsked plus 2 teskedar majsstärkelse
- 5 uns (10 matskedar) färskost, mjukad
- ¼ tesked mald kanel
- ⅛ tesked fint havssalt
- 1½ dl tjock grädde
- ¾ kopp socker
- ¼ kopp lätt majssirap
- 1 mogen banan
- 1 tsk vaniljextrakt

VÄGBESKRIVNING:

a) Blanda kakan, ananassåsen och pekannötterna i en stor skål och frys in för att använda senare.

b) Blanda cirka 2 matskedar av mjölken med majsstärkelsen i en liten skål för att göra en slät uppslamning.

c) Vispa färskost, kanel och salt i en medelstor skål tills den är slät.

d) Fyll en stor skål med is och vatten.

e) Koka Kombinera den återstående mjölken, grädden, sockret och majssirapen i en 4-liters kastrull, låt koka upp på medelhög värme och koka i 4 minuter. Ta av från värmen och vispa gradvis i majsstärkelseuppslamningen. Koka upp igen på medelhög värme och koka under omrörning med en värmebeständig spatel tills det tjocknat något, cirka 1 minut. Ta bort från värmen.

f) Chill Vispa gradvis ner den varma mjölkblandningen i färskosten tills den är slät.

g) Skala bananen, skär den i bitar och puré i en matberedare tills den är helt slät. Rör ner purén i glassbotten och vispa i vaniljextraktet. Häll blandningen i en 1-liters Ziplock-fryspåse och sänk ned den förseglade påsen i isbadet. Låt stå, tillsätt mer is vid behov, tills den är kall, cirka 30 minuter.

h) Frys Ta bort den frysta burken från frysen, sätt ihop din glassmaskin och slå på den. Häll glassbotten i den frysta burken och snurra tills den är tjock och krämig.

i) Skopa ner mjukglassen i kak-/ananassås-/pekannötsblandningen och vänd ihop tills den är ordentligt blandad – arbeta snabbt så att glassen inte smälter! Packa i en förvaringsbehållare.

j) Tryck ett ark pergament direkt mot ytan och förslut med ett lufttätt lock. Frys in i den kallaste delen av frysen tills den är fast, minst 4 timmar.

63. Mango Manchego glass

Gör ca 1 liter

INGREDIENSER:

- 2⅔ koppar helmjölk

- 1 matsked plus 2 teskedar majsstärkelse

- 2 uns (4 matskedar) färskost, mjukad

- ⅛ tesked fint havssalt

- 1½ dl tjock grädde

- ¾ kopp socker

- ¼ kopp lätt majssirap

- 1 kopp strimlad Manchego

- ½ kopp mangosylt

VÄGBESKRIVNING:

a) Blanda cirka 2 matskedar av mjölken med majsstärkelsen i en liten skål för att göra en slät uppslamning.

b) Vispa färskost och salt i en medelstor skål tills den är slät.

c) Fyll en stor skål med is och vatten.

d) Koka Kombinera den återstående mjölken, grädden, sockret och majssirapen i en 4-liters kastrull, låt koka upp på medelhög värme och koka i 4 minuter. Ta av från värmen och vispa gradvis i majsstärkelseuppslamningen och Manchego. Koka upp blandningen igen på medelhög värme och koka under omrörning med en värmebeständig spatel tills den tjocknat något, cirka 1 minut. Ta bort från värmen.

e) Chill Vispa gradvis ner den varma mjölkblandningen i färskosten tills den är slät. Häll blandningen i en 1-liters Ziplock- fryspåse och sänk ned den förseglade påsen i isbadet. Låt stå, tillsätt mer is vid behov, tills den är kall, cirka 30 minuter.

f) Frys Ta bort den frysta burken från frysen, sätt ihop din glassmaskin och slå på den. Häll glassbotten i burken och snurra tills den är tjock och krämig.

g) Packa glassen i en förvaringsbehållare, lägg i lager i sylten när du går. Tryck ett ark pergament direkt mot ytan och förslut med ett lufttätt lock.

h) Frys in i den kallaste delen av frysen tills den är fast, minst 4 timmar.

64. Moonshine & majssirapsvaniljsås

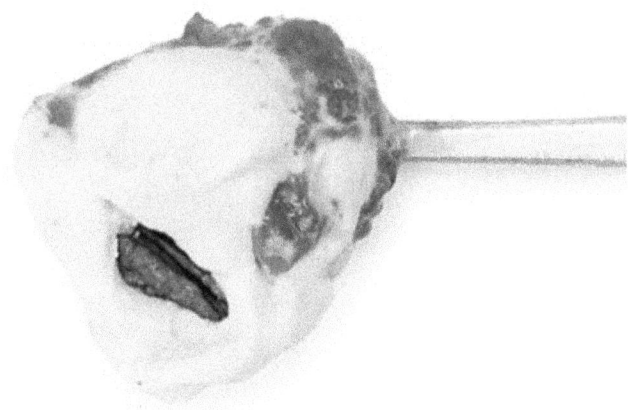

Gör ca 1 liter

INGREDIENSER:

- 2⅔ koppar helmjölk
- 1 matsked plus 2 teskedar majsstärkelse
- 2 uns (4 matskedar) färskost, mjukad
- ⅛ tesked fint havssalt
- 1½ dl tjock grädde
- ⅔ kopp socker
- ¼ kopp lätt majssirap
- ⅓ till ½ kopp moonshine eller vit whisky
- ⅔ kopp rostade saltade pekannötshalvor
- ½ kopp majssirap vaniljsås

VÄGBESKRIVNING:

a) Blanda cirka 2 matskedar av mjölken med majsstärkelsen i en liten skål för att göra en slät uppslamning.

b) Vispa färskost och salt i en medelstor skål tills den är slät.

c) Fyll en stor skål med is och vatten.

d) Koka Kombinera den återstående mjölken, grädden, sockret och majssirapen i en 4-liters kastrull, låt koka upp på medelhög värme och koka i 4 minuter. Ta av från värmen och vispa gradvis i majsstärkelseuppslamningen. Koka upp blandningen igen på medelhög värme och koka under omrörning med en värmebeständig spatel tills den tjocknat något, cirka 1 minut. Ta bort från värmen.

e) Chill Vispa gradvis ner den varma mjölkblandningen i färskosten tills den är slät. Häll blandningen i en 1-liters Ziplock- fryspåse och sänk ned den förseglade påsen i isbadet. Låt stå, tillsätt mer is vid behov, tills den är kall, cirka 30 minuter. Rör ner månskenet.

f) Frys Ta bort den frysta burken från frysen, sätt ihop din glassmaskin och slå på den. Häll glassbotten i burken och snurra tills den är tjock och krämig.

g) Packa glassen i en förvaringsbehållare, lägg i pekannötter och vaniljsås allt eftersom. Tryck ett ark pergament direkt mot ytan och förslut med ett lufttätt lock.

h) Frys in i den kallaste delen av frysen tills den är fast, minst 4 timmar.

65. Vita huset körsbärsglass

Gör ca 1 liter

INGREDIENSER:

- 2⅔ koppar helmjölk

- 1 matsked plus 2 teskedar majsstärkelse

- 2 uns (4 matskedar) färskost, mjukad

- ⅛ tesked fint havssalt

- 1½ dl tjock grädde

- ¾ kopp socker

- ¼ kopp lätt majssirap

- 1 till 2 droppar körsbärsblomsextrakt

- 4 uns vit choklad, hackad

- ¼ kopp Vita husets körsbär , avrunna

- En näve pistagenötter (valfritt)

VÄGBESKRIVNING:

a) Blanda cirka 2 matskedar av mjölken med majsstärkelsen i en liten skål för att göra en slät uppslamning.

b) Vispa färskost och salt i en medelstor skål tills den är slät.

c) Fyll en stor skål med is och vatten.

d) Koka Kombinera den återstående mjölken, grädden, sockret och majssirapen i en 4-liters kastrull, låt koka upp på medelhög värme och koka i 4 minuter. Ta av från värmen och vispa gradvis i majsstärkelseuppslamningen. Koka upp blandningen igen på medelhög värme och koka under omrörning med en värmebeständig spatel tills den tjocknat något, cirka 1 minut. Ta bort från värmen.

e) Chill Vispa gradvis ner den varma mjölkblandningen i färskosten tills den är slät. Häll blandningen i en 1-liters Ziplock- fryspåse och sänk ned den förseglade påsen i isbadet. Låt stå, tillsätt mer is vid behov, tills den är kall, cirka 30 minuter.

f) Frys Ta bort den frysta burken från frysen, sätt ihop din glassmaskin och slå på den. Häll glassbasen i burken, tillsätt körsbärsblomextraktet och snurra tills det blir tjockt och krämigt. Smält under tiden chokladen i en dubbelkokare över sjudande vatten. Ta av från värmen och låt svalna tills det är ljummet men fortfarande är hällbart.

g) När glassen nästan är klar, ringla gradvis den smälta chokladen genom öppningen i toppen av maskinen och låt den stelna och bryt sedan upp i glassen i ca 2 minuter.

h) Packa glassen i en förvaringsbehållare, vik ner körsbär och pistagenötter, om du använder, allt eftersom. Tryck ett ark pergament direkt mot ytan och förslut med ett lufttätt lock.

i) Frys in i den kallaste delen av frysen tills den är fast, minst 4 timmar.

66. Yazoo Sue Glass

Gör ca 1 liter

INGREDIENSER:

- 2⅔ koppar helmjölk
- 1 matsked plus 2 teskedar majsstärkelse
- 2 uns (4 matskedar) färskost, mjukad
- ⅛ tesked fint havssalt
- 1½ dl tjock grädde
- ¾ kopp socker
- ¼ kopp lätt majssirap
- ⅓ kopp rökt porter
- ½ kopp rosmarinstångsnötter

VÄGBESKRIVNING:

a) Blanda cirka 2 matskedar av mjölken med majsstärkelsen i en liten skål för att göra en slät uppslamning.

b) Vispa färskost och salt i en medelstor skål tills den är slät.

c) Fyll en stor skål med is och vatten.

d) Koka Kombinera den återstående mjölken, grädden, sockret och majssirapen i en 4-liters kastrull, låt koka upp på medelhög värme och koka i 4 minuter.

e) Ta av från värmen och vispa gradvis i majsstärkelseuppslamningen. Koka upp blandningen igen på medelhög värme och koka under omrörning med en värmebeständig spatel tills den tjocknat något, cirka 1 minut. Ta bort från värmen.

f) Chill Vispa gradvis ner den varma mjölkblandningen i färskosten tills den är slät och rör sedan i ölet. Häll blandningen i en 1-liters Ziplock- fryspåse och sänk ned den förseglade påsen i isbadet. Låt stå, tillsätt mer is vid behov, tills den är kall, cirka 30 minuter.

g) Frys Ta bort den frysta burken från frysen, sätt ihop din glassmaskin och slå på den. Häll glassbotten i burken och snurra tills den är tjock och krämig.

h) Packa glassen i en förvaringsbehållare, vik ner barnötterna allt eftersom. Tryck ett ark pergament direkt mot ytan och förslut med ett lufttätt lock.

i) Frys in i den kallaste delen av frysen tills den är fast, minst 4 timmar.

67. Kärnmjölk Soft-Serve

Gör ca 1 liter

INGREDIENSER:

- 1¼ koppar tung grädde
- 2 matskedar majsstärkelse
- 3 uns (6 matskedar) färskost, mjukad
- ¼ tesked fint havssalt
- ⅔ kopp socker
- 2 msk ljus majssirap
- 2½ dl kärnmjölk, helmjölk eller 2 % mjölk

VÄGBESKRIVNING:

a) Blanda 3 till 4 matskedar av grädden med majsstärkelsen i en liten skål för att göra en slät uppslamning.

b) Vispa färskost och salt i en medelstor skål tills den är slät.

c) Fyll en stor skål med is och vatten.

d) Koka Kombinera den återstående grädden, sockret och majssirapen i en 4-liters kastrull, låt koka upp på medelhög värme och koka i 4 minuter. Ta av från värmen och vispa gradvis i majsstärkelseuppslamningen. Koka upp blandningen igen på medelhög värme och koka under omrörning med en värmebeständig spatel tills den tjocknat något, cirka 20 sekunder. Ta bort från värmen.

e) Chill Vispa gradvis ner den varma mjölkblandningen i färskosten tills den är slät. Rör ner kärnmjölken.

f) Häll blandningen i en 1-liters Ziplock- påse och sänk ned den förseglade påsen i isbadet. Låt stå, tillsätt mer is vid behov, tills den är kall, cirka 30 minuter.

g) Frysa

h) Om du använder en mjukserveringsmaskin

i) Ta bort den frysta burken från frysen, sätt ihop din glassmaskin och slå på den. Häll glassbotten i burken och snurra tills den är tjock och krämig. Använd handtaget för att släppa lite av glassen i en skål. Om glassen är för mjuk, häll tillbaka den och fortsätt kärna tills den når önskad konsistens. Servera omedelbart.

j) Om du använder en vanlig glassmaskin

k) Ta bort den frysta burken från frysen, sätt ihop din glassmaskin och slå på den. Häll glassbotten i burken och snurra tills den är tjock och krämig.

l) Servera direkt från maskinen, eller, för en skopabar version, packa glassen i en förvaringsbehållare. Tryck ett ark pergament direkt mot ytan och förslut med ett lufttätt lock.

m) Frys in i den kallaste delen av frysen tills den är fast, minst 4 timmar.

SÖDAS

68. Knickerbocker ära

INGREDIENSER:

- färska jordgubbar och körsbär
- 2 skopor vaniljglass
- 6 till 8 matskedar fruktgelé
- jordgubbs- eller hallonsås
- 2 skopor jordgubbsglass
- 1/2 kopp tung grädde, vispad
- rostade skivad mandel

VÄGBESKRIVNING:

a) Ordna lite färsk frukt i basen av två kylda glassglass. Tillsätt en kula vaniljglass, sedan lite fruktgelé och lite fruktsås.

b) Tillsätt sedan jordgubbsglass och sedan mer fruktsås. Toppa nu med vispad grädde, färsk frukt och nötter, följt av mer sås och några nötter.

c) Återgå till frysen i högst 30 minuter eller ät omedelbart. Dessa är inte för att behålla, så förbered dig vid behov.

d) Det är en bra idé att ha ett urval av lämpliga ingredienser redo innan du börjar, samt väl kylda glas.

69. Persika melba

INGREDIENSER:

- 4 stora mogna persikor, skalade
- finrivet skal och saft av 1 citron
- 3 Bordsskedar konditorsocker _ _ _ _
- 8 skopor vaniljglass

till melbasåsen

- 1 1/2 dl mogna hallon
- 2 msk röda vinbärsgelé
- 2 msk superfint socker

VÄGBESKRIVNING:

a) Skär persikorna på mitten och ta bort kärnorna. Packa persikohalvorna tätt i en ugnssäker form och pensla med citronsaft. Strö över generöst med konditorsocker. Lägg skålen under en förvärmd broiler i 5 till 7 minuter eller tills den är gyllene och bubblar. Låt svalna.
b) För att göra såsen, värm hallonen med gelé och socker och tryck dem sedan genom en sil. Låt svalna.
c) Ordna persikorna på ett serveringsfat med 1 eller 2 kulor glass. Ringla över melbasås och avsluta med strimlor av citronskal.

70. Cappuccino frappé

INGREDIENSER:

- 4 msk kaffelikör
- 1/2 recept kaffegelato
- 4 matskedar rom
- 1/2 kopp tung grädde, vispad
- 1 msk osötat kakaopulver, siktat

VÄGBESKRIVNING:

a) Häll likören i basen av 6 fryssäkra glas eller koppar och kyl väl eller frys.
b) Förbered gelatoen enligt anvisningarna tills den är delvis frusen. Vispa sedan i rommen med en elektrisk mixer tills den skummar, skeda genast över den frysta likören och frys in igen tills den är fast men inte hård.
c) Sprid den vispade grädden över gelatoen. Strö rejält med kakaopulver och ställ tillbaka till frysen i några minuter tills du är helt redo att servera.

Serverar 6

71. Iced lassi

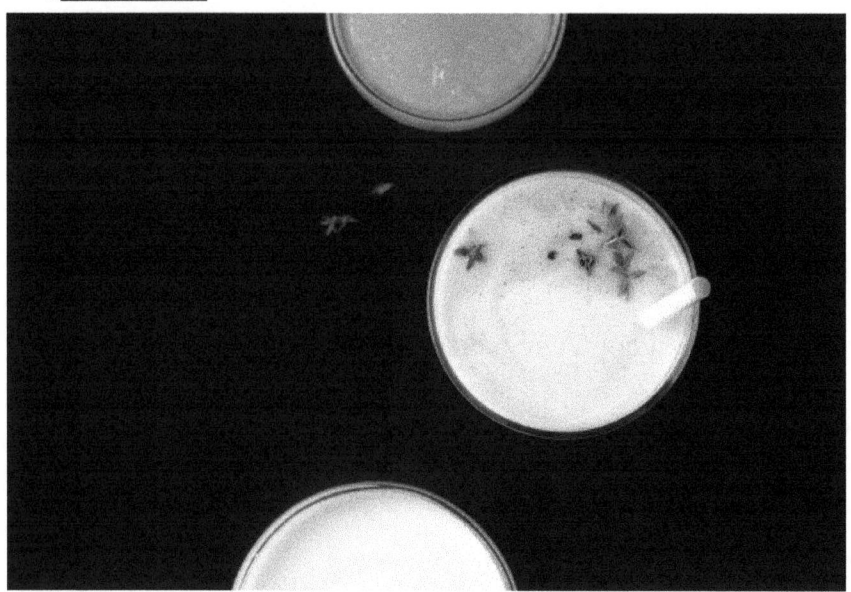

INGREDIENSER:

- 2 koppar vanlig yoghurt, delvis fryst
- 1/2 kopp isvatten
- 1/2 kopp isbitar
- 4 matskedar klar honung, plus mer efter smak
- nyriven muskotnöt

VÄGBESKRIVNING:

a) Lägg yoghurt, isvatten, isbitar och honung i en matberedare eller mixer. Mixa tills det är skumt och väl blandat. Överför till iskalla höga glas och frys i ca 30 minuter.

b) Servera med lite mer honung efter smak och strö över nyriven muskotnöt.

72. Glass flyta

INGREDIENSER:

- 2 dl citron-lime soda, kyld
- 2 skopor vaniljglass
- några mini-marshmallows

VÄGBESKRIVNING:

a) Häll 1 skopa glass i ett kylt, högt sodaglas. Häll i läsken långsamt, för det kommer att bubbla upp vid kontakt med glassen.

b) Tillsätt den andra glasskulan och toppa med några små marshmallows. Servera genast med en lång sodasked och sugrör.

73. Vattenmelon & jordgubbsslask

INGREDIENSER:

- 1 kopp krossad is
- 1 dl skalade och halverade färska jordgubbar
- 1 kopp vattenmelonkött (fröna borttagna)
- 2 till 3 matskedar jordgubbssiru sid
- skivor av färsk frukt, till garnering

VÄGBESKRIVNING:

a) Lägg alla INGREDIENSER (reservera några fruktbitar för servering) i en mixer eller matberedare. Mixa kort bara för att krossa alla INGREDIENSER till en slush. Blanda inte för mycket. Lägg i en behållare i frysen tills den ska serveras.
b) Vid behov, ös upp i höga glas (eller martiniglas) och servera toppat med några fruktbitar.

74. Iced aprikos & granatäpple smoothie

INGREDIENSER:

- 1 kopp vanlig eller persikoyoghurt
- 2 dl hackade och urkärnade mogna aprikoser
- 2 till 3 matskedar klar honung
- några isbitar
- 1/2 granatäpple, sönderdelat i kärnor och vitt kärna avlägsnat

VÄGBESKRIVNING:

a) Tryck granatäpplena genom en sil. Lägg yoghurt, aprikoser, honung, isbitar och granatäpplejuice (reservera en sked frön) i en mixer eller matberedare. Mixa tills det är riktigt slätt.

b) Frys in kort (upp till 30 minuter) eller njut omedelbart, toppat med en sked granatäpplekärnor.

75. Choklad nötter fruktglass

INGREDIENSER:

- 1 skopa rik chokladglass
- 1 skopa smör pekannötsglass
- 2 matskedar chokladsås
- 2 msk rostade blandade nötter
- chokladflingor, lockar eller strössel

VÄGBESKRIVNING:

a) Ordna de två kulorna glass i en kyld glasskål.
b) Ringla över chokladsås och strö sedan över nötter och choklad.

76. Chokladdoppade gelato pops

INGREDIENSER:

- 1 recept lyxig vaniljgelato
- 1 recept chokladsås
- finhackade nötter eller strössel

VÄGBESKRIVNING:

a) Gör glassen till skopor av olika storlekar. Lägg dem direkt på vaxat papper och frys in riktigt ordentligt igen.
b) Förbered chokladsåsen och låt den stå på en sval (inte kall) plats tills den svalnat men inte tjocknar.
c) Täck flera arkformar med vaxat papper. Tryck in en glasspinne i mitten av en kula glass och doppa den i chokladen så att den täcker helt. Håll den över skålen med choklad tills den har droppat klart och lägg den sedan på det rena vaxade pappret.
d) Strö över nötter eller färgat strössel om du vill. Lägg isarna i frysen och låt stå tills de är riktigt hårda (flera timmar). Även om de håller sig i flera veckor, beroende på vilken mängd glass som används, är det bättre att äta dem så snart som möjligt.
e) Gör 6-8

FRUKTIGHET

77. Frysta chokladbananer

INGREDIENSER:

- 4 fasta men mogna små bananer
- 6 oz. mjölkchoklad, delad i bitar
- 6 matskedar tung grädde
- 4 msk apelsinjuice

VÄGBESKRIVNING:

a) Frys in bananerna i skalet i cirka 2 timmar.
b) Smält chokladen i en liten kastrull med grädden och apelsinjuicen, rör om då och då tills den smält och slät. Häll upp i en kall skål och låt stå tills det precis börjar tjockna och svalna. Låt det inte bli för kallt, annars blir det inte lätt att päls.
c) Ta ut bananerna ur frysen och ta bort skalet prydligt. Doppa varje banan i chokladen för att täcka ordentligt och ta sedan bort den med ett eller två långa träspett. Håll bananen över skålen medan överflödig choklad droppar av. Lägg sedan bananen på vaxat papper tills chokladen stelnar. Skär i 2 eller 3 bitar och ställ tillbaka till frysen tills den ska serveras.
d) Sätt i en popsicle stick i varje bit för servering, om du vill.
e) Dessa bananer håller sig inte bra och bör ätas samma dag som de görs.

78. Glass kaka smörgås

INGREDIENSER:

- 12 chokladkakor
- 2 dl vaniljglass (eller annan smak), mjukgjord

VÄGBESKRIVNING:

a) Lägg kakorna på en plåt i frysen.
b) Bred ut den mjukgjorda glassen i en platt panna eller behållare till ca 1/2-tums tjocklek och frys in igen. När den är fast igen, men inte hård, skär 6 cirklar av glass för att passa kakorna. Överför försiktigt glassen från pannan till 6 kakor.
c) Toppa med en andra kaka. Tryck ner för att täta väl och frys in tills den ska ätas. Om de är väl frysta, ta ut dem ur frysen 10 till 15 minuter innan du vill äta dem, annars blir de väldigt hårda.
d) Ät inom ett par dagar.

79. Isiga fruktdoppare

INGREDIENSER:

- 3 till 4 koppar (1 1/2 till 2 lbs.) fast färsk frukt av god kvalitet (jordgubbar, körsbär, cape krusbär)
- 1 dl tung grädde, sötad och vispad
- 3/4 kopp hallonsås
- 3/4 kopp mangosås
- godisströssel

VÄGBESKRIVNING:

a) Förbered frukten helt enkelt genom att torka eller kontrollera dem, men låt stå kvar på stjälkarna eller något annat de kan plockas upp av. Frys in dem separat på vaxat papper på bakplåtar i minst 1 timme tills de är isiga men inte för hårda.
b) Ställ fram skålar med vispad grädde, hallon och mangosåser och strössel.
c) Lägg upp de frostade frukterna, med tandpetare, på ett stort serveringsfat och servera.

80. Sticky toffee godsaker

INGREDIENSER:

- 1 kopp kolasås
- 3 dl vaniljglass
- 4 sockerstrutar

VÄGBESKRIVNING:

a) Om du har en rad otåliga ungdomar måste du vara väl förberedd.
b) Ta såsen till rumstemperatur så den blir tjock men lätt att hälla upp. Ha glassen redo att ösa. Ha kottar redo i en hållare.
c) Ta 2 eller 3 matskedar sås och fördela den över toppen av glassen. Ta sedan snabbt fram en kula glass, virvla samtidigt igenom såsen och lägg den i struten.
d) Upprepa om du vill ha en andra skopa på samma kon. Lägg en sista klick sås över toppen. Servera omedelbart.

81. Fruktiga isbitar

INGREDIENSER:

- 1 dl mosade hallon
- 1 dl vanlig yoghurt eller fruktyoghurt

VÄGBESKRIVNING:

a) Blanda frukten och yoghurten. Häll upp i stora istärningsbrickor som är lätta att släppa eller fruktformade isbrickor. Jämna till topparna så att de är helt platta så att de lätt kommer ut. Sätt i små popsicle sticks, om du vill.

b) Frys i 3 till 4 timmar eller över natten. Vänd upp på ett vackert fat och servera med bitar av färsk frukt och kakor.

82. Iced frukt poppar

INGREDIENSER:

- 1 1/2 dl riven eller purerad färsk frukt (ananas, persika, mango)
- socker efter smak
- 1/2 kopp apelsinjuice koncentrat

VÄGBESKRIVNING:

a) Blanda den mosade frukten med sockret och apelsinjuicen. Frys in i popsicle-behållare tills de är delvis frysta. Rör om en gång för att blanda frukten och frys sedan in igen tills den nästan stelnat.
b) Placera en popsicle stick i mitten av varje pop och frys tills den är hård.
c) Ät direkt från frysen. Ät helst så snart som möjligt eller frys i högst 1 månad i täckta behållare.

83. Glass cupcakes

INGREDIENSER:

- 2 dl jordgubbsglass
- 6 matskedar tung grädde, vispad
- 12 färska hallon
- godisströssel

VÄGBESKRIVNING:

a) Lägg 6 bakplåtar av papper eller folie i en muffinsform. Om du använder mycket tunna bakformar av papper, dubbla dem för extra stöd.

b) När glassen har en mjuk, skedbar konsistens fyller du bakformarna och platta till topparna. Återgå till frysen tills nästan redo att serveras.

c) För att servera tar du bort bakformarna om du vill och ställer iskakorna på ett väl kylt serveringsfat. Toppa varje is med lite vispad grädde, 2 hallon och en shake av strössel. Återgå till frysen tills den ska ätas.

d) Dessa små iskakor är egentligen inte för att hålla längre än en dag, så försök att bara göra så många du behöver.

84. Knäckiga yoghurtformer

INGREDIENSER:

- 1 kopp god tjock honung
- 3 dl tjock grekisk yoghurt
- 1 dl tung grädde, lätt vispad
- 1 tsk rent vaniljextrakt
- godisströssel

VÄGBESKRIVNING:

a) Värm honungen väldigt lätt bara för att mjuka upp den. Rör ner yoghurt, vispad grädde och vanilj och häll i en grund behållare för att frysa, rör om med en gaffel en eller två gånger.
b) Frys i 1 timme, bryt sönder med en gaffel och frys i ytterligare en timme tills den är fast men kan sked.
c) Klä en plåt med non-stick papper. Placera djurformade eller andra kakformar på pannan och fyll med glassen, var noga med att jämna till topparna.
d) Återgå snabbt till frysen i 1 till 2 timmar tills den är riktigt fast.
e) När du ska servera trycker du försiktigt ut glassen ur formarna på en iskall tallrik. Vänta 1 eller 2 minuter för ytan att börja mjukna. Använd sedan ett eller två träspett och doppa dem på en eller två sidor i en skål med strössel.
f) Återgå till frysen omedelbart, för de börjar smälta väldigt snabbt.
g) För att servera, sätt in en popsicle sticka i varje.
h) Gör cirka 6 till 10 former beroende på formar

85. Iced björnbär & päron romanoff

INGREDIENSER:

- 1 kopp söt päronpuré
- 1 kopp tung grädde, vispad
- 1 kopp tjock grekisk yoghurt
- fint rivet skal av 1 citron
- 1 dl grovt smulade små maränger
- 1 kopp söta mogna björnbär

VÄGBESKRIVNING:

a) I en stor skål, blanda ihop päronpuré, vispad grädde, yoghurt och citronskal. Tillsätt lite socker efter smak om du vill, eller om björnbären inte är för söta.

b) Vänd nu ner de smulade marängerna och till sist björnbären, blanda så lite som möjligt. Häll upp i en djupfrysbehållare och frys i 1 till 2 timmar. Rör inte om under frysning.

c) För att servera, häll försiktigt upp blandningen på ett serveringsfat med några fler bär.

86. Persika & passionsfrukt swirl glass

INGREDIENSER:

- 1 1/4 koppar tung grädde
- 1 tsk rent vaniljextrakt
- 2 stora ägg
- 1/4 kopp superfint socker eller efter smak
- 2 tsk majsstärkelse
- 1 msk vatten
- 4 stora mycket mogna persikor
- saft och finrivet skal av 1 apelsin
- 4 mogna passionsfrukter

VÄGBESKRIVNING:

a) Koka upp grädden och vaniljen i en liten kastrull. Ta bort från värmen. Vispa ägg och socker i en skål tills det blir mycket blekt och lite tjocknat. Vispa ner lite av grädden i äggen tills den är väl blandad, sila sedan tillbaka i kastrullen.

b) Blanda majsstärkelsen med vattnet tills den är slät. Vispa ner det i grädd- och äggblandningen och sätt tillbaka pannan till värmen. Koka inte, men när blandningen börjar tjockna, rör hela tiden tills den täcker baksidan av en sked. Ställ åt sidan för att svalna, rör om då och då.

c) Lägg persikorna i kokande vatten i ca 1 minut eller tills skalet lätt dras av. Blanda eller puré fruktköttet med apelsinjuicen och skalet och sila om det behövs. Ös passionsfruktköttet i en liten skål. Rör försiktigt ihop den avsvalnade vaniljsåsen och persikopurén.

d) Lägg i en glassmaskin och bearbeta enligt tillverkarens instruktioner, eller använd handmixningsmetoden.

e) När den är nästan fast, överför till en frysbehållare och virvla i det mesta av passionsfrukten. Frys tills det är fast eller nödvändigt. Denna glass kan frysas i upp till 1 månad.
f) Låt ca 15 minuter mjukna innan servering med lite mer passionsfrukt hälld ovanpå.

87. Isiga aprikossuffléer

INGREDIENSER:

- saft och finrivet skal av 1 apelsin
- 2 (1/4-oz.) kuvert med gelatin utan smak
- 3 medelstora ägg, separerade, plus 2 fler vita
- 1/2 kopp superfint socker
- 1 tsk rent vaniljextrakt
- 1 dl vispgrädde
- 4 matskedar Amarettolikör
- 1 kopp aprikospuré
- 3/4 kopp svarta vinbär (färska eller frysta)
- 2 till 3 matskedar superfint socker

VÄGBESKRIVNING:

a) Förbered 4 ramekins genom att linda ett band av vaxat papper runt utsidan av varje, kommer till ca 2 inches ovanför fälgarna; säkra med tejp. Smörj papperet och insidan av faten lätt.

b) Värm apelsinjuicen i en liten kastrull, strö på gelatinet och låt lösas upp. Häftigt. Lägg apelsinskal, äggulor, socker och vanilj i en stor skål.

c) Vispa tills riktigt tjock, blek och krämig. Kyl något. Vispa äggvitan i en separat skål tills den blir hård och nästan bildar toppar. I en tredje skål, vispa grädden tills den är styv och håller formen.

d) Rör ner gelatinblandningen, tillsammans med Amaretton, i de vispade äggulorna. Vänd sedan ner vispad grädde, aprikospuré och sist äggvitan. När det är lätt men noggrant blandat, sked i ramekins, jämna till topparna och frys i 2 till 3 timmar.

e) För att göra såsen, värm alla utom några av de svarta vinbären i en kastrull med sockret; koka i 4 till 5 minuter. Häll genom en sil för att ta bort alla frön, om du vill, tillsätt sedan hela svarta vinbär i pannan. Avsätta.

f) För att servera, ta ut ramekins ur frysen 10 minuter innan du äter, dra av pappret och gör ett hål i mitten av toppen. Värm såsen i sista minuten och häll lite i mitten. Servera resten separat.

88. Äppel & plommon parfait

INGREDIENSER:

- 3 stora, mogna söta plommon
- 2 msk demerara socker
- 4 matskedar vatten
- 2 söta matäpplen
- 1 kopp strösocker
- saft och finrivet skal av 1/2 citron
- 5 äggulor
- 1/2 kopp plus 2 matskedar tung grädde

VÄGBESKRIVNING:

a) Urkärna och hacka plommonen grovt och lägg dem i en liten kastrull med demerarasockret och vattnet. Sjud försiktigt tills plommonen är mjuka men inte faller isär.

b) Ställ åt sidan hälften av plommonen för att kyla och tillsätt sedan de skalade, urkärnade och rivna äpplena i kastrullen. Fortsätt koka tills frukten är tillräckligt mjuk för att blandas eller mosas. Kyl helt.

c) Värm sakta upp strösockret med citronsaften i en annan liten kastrull tills sockret har löst sig. Koka i 2 till 3 minuter och ta sedan bort från värmen. Vispa äggulorna i en stor skål tills de har blivit dubbelt så stora. Vispa sedan långsamt i citronsockersirapen och citronskalet och fortsätt vispa tills det blir tjockt och krämigt. Kyl helt.

d) När både den mosade frukten och äggblandningen är svalna, vispa grädden tills den bildar toppar. Vänd försiktigt först fruktblandningen och sedan den vispade grädden i de vispade äggulorna. Häll upp i en liten, djup frysbehållare och frys tills den fryser runt sidorna.

e) Vispa med en gaffel tills den är slät och frys sedan tills den är fast men inte hård.

f) För att servera, lägg en sked av de reserverade kokta plommonen i basen av kylda glas, tillsätt några skopor parfait och toppa med fler plommon. Servera omedelbart eller kyl kort.

89. Banankrämglass

INGREDIENSER:

- 4 mogna bananer, plus fler till servering
- saft av 1 citron
- 6 matskedar klar honung
- 1 tsk rent vaniljextrakt
- 1 kopp hemgjord eller köpt vaniljkräm
- 1 kopp tung grädde, mjukvispad, plus mer för servering
- kolaskärvor

VÄGBESKRIVNING:

a) Mixa bananerna med citronsaft, honung och vanilj i en mixer eller matberedare tills de är krämiga. Blanda blandningen i vaniljsåsen jämnt och vänd sedan ner den vispade grädden.
b) Häll upp blandningen i en frysbehållare. Frys i 1 timme och bryt sedan upp med en gaffel tills den är slät igen. Återgå till frysen tills den är fast eller tills den ska serveras.
c) Servera kulor av glassen med mer bananskivor och vispgrädde och en strö kolaskärvor.
d) Denna glass kommer att frysa i upp till 1 månad.
e) Ta ut ur frysen 15 minuter eller mer innan servering för att mjukna något.

90. Tropisk frukt sorbet

INGREDIENSER:

- 2 koppar skalade och hackade mogna tropiska frukter (guava, ananas, mango, papaya)

- 1 kopp sockersirap

- 2 limefrukter

- 1 dl helmjölk eller kärnmjölk

VÄGBESKRIVNING:

a) Puré eller blanda den tropiska frukten, tryck sedan igenom en finmaskig sil om du vill ha en riktigt slät konsistens.

b) Slå i sockerlag, fint rivet skal av 1 lime och saften av båda, och mjölken. Häll i en frysbehållare och frys in, med hjälp av handblandningsmetoden, bryt upp två eller tre gånger under frysningen.

c) Frys in tills det är fast, häll sedan i halverade, små ananasskal eller serveringsfat och strö över nyriven muskotnöt. Servera med små tropiska frukter som litchi, eller vindruvor, eller rostade strimlor av färsk kokos.

d) Denna glass kan frysas i upp till 1 månad. Ta ut ur frysen 10 minuter före servering för att mjukna.

91. Iced rabarberglädje

INGREDIENSER:

- 3 koppar hackad, putsad rabarber
- 1/2 kopp superfint socker
- 1 till 2 tsk rent vaniljextrakt
- 1/4 tsk mald kanel
- 1 dl tung grädde, hårt vispad
- 1 dl vanlig yoghurt

VÄGBESKRIVNING:

a) Lägg rabarber, socker och vanilj i en liten kastrull och låt sjuda i ca 8 minuter tills de är väldigt mjuka. Alternativt kan du tillaga i mikrovågsugn på medium i 3 eller 4 minuter, rör om då och då.

b) Puré frukten, rör ner kanel och ställ åt sidan tills den är kall.

c) Vik ihop den mosade rabarbern, den vispade grädden och yoghurten.

d) Häll upp i skålen på en glassmaskin och bearbeta, enligt tillverkarens instruktioner, eller häll i en frysbehållare och frys in enligt anvisningarna.

e) När glassen är fast, frys in kort innan servering, eller tills den behövs.

f) Denna glass kan frysas i upp till 3 månader. Ta ut ur frysen 15 minuter före servering för att mjukna något.

92. Färsk ingefärsglass

INGREDIENSER:

- 2 koppar tung grädde
- 1 dl helmjölk
- ¾ kopp socker
- 1 (3-tums) bit färsk ingefära, skalad och grovt hackad
- 1 stort ägg
- 3 stora äggulor
- 1 tsk vaniljextrakt

VÄGBESKRIVNING:

a) Blanda grädde, mjölk, socker och ingefära i en stor kastrull. Koka upp under omrörning tills sockret lösts upp.
b) Avlägsna från värme. Täck över och låt svalna till rumstemperatur. Sila av blandningen för att ta bort hela ingefäraroten.
c) Låt mjölkblandningen sjuda igen.
d) Vispa ihop ägg och äggulor i en stor skål. När mjölkblandningen kokar upp, ta bort från värmen och häll den långsamt ner i äggblandningen för att temperera den under konstant vispning.
e) När all mjölkblandning har tillsatts, lägg tillbaka den i kastrullen och fortsätt att koka på medelvärme, under konstant omrörning, tills blandningen har tjocknat tillräckligt för att täcka baksidan av en sked, 2 till 3 minuter. Ta av från värmen och vispa i vanilj.

f) Täck över mjölkblandningen och låt svalna till rumstemperatur och ställ sedan i kylen tills den är väl kyld, 3 till 4 timmar, eller över natten.
g) Häll den kylda blandningen i en glassmaskin och frys in enligt anvisningarna.
h) Överför glassen till en fryssäker behållare och ställ i frysen. Låt den stelna i 1 till 2 timmar innan servering.

93. Färsk persikaglass

INGREDIENSER:

- 2 matskedar gelatin utan smak
- 3 dl mjölk, delad
- 2 koppar strösocker
- 1/4 tsk salt
- 6 ägg
- 1 1/2 koppar halv-och-halva
- 1 liten låda vanilj-instantpudding
- 1 msk vaniljextrakt
- 4 dl krossade persikor

VÄGBESKRIVNING:

a) Mjuka upp gelatinet i 1/2 dl kall mjölk. Skålla ytterligare 1 1/2 dl mjölk. Rör i gelatinblandningen tills den lösts upp. Tillsätt socker, salt och resterande 1 dl mjölk.
b) Vispa ägg på hög hastighet d i 5 minuter.
c) Tillsätt halv-och-halva, puddingmix, vaniljextrakt och gelatinblandning. Blanda väl. Rör ner persikor.
d) Frys in i glassfrys enligt tillverkarens anvisningar. Mogna i 2 timmar.

Gör 1 gallon

TOPPINGS

94. Passionsfrukt kolasås

INGREDIENSER:

- 2 koppar socker
- ½ kopp vatten
- 2 tsk ljus majssirap
- 1⅓ koppar passionsfruktpuré
- 4 matskedar osaltat smör, skuren i bitar
- ½ tsk kosher salt

VÄGBESKRIVNING:

a) I en stor tjockbottnad kastrull, kombinera socker, vatten och majssirap. Låt sjuda på medelvärme, rör om för att lösa upp sockret och borsta då och då ner sidorna av pannan med en våt bakelseborste för att tvätta bort eventuella sockerkristaller.
b) Öka värmen till medelhög och låt koka utan att röra om tills sirapen är mörkt bärnstensfärgad, ca 8 minuter. Ta kastrullen från värmen.
c) Tillsätt försiktigt passionsfruktspurén (det bubblar och stänker, så var försiktig när du häller i det), smör och salt och vispa så att det blandas så mycket som möjligt (kolan stelnar lite).
d) Sätt pannan på medelhög värme, låt sjuda och koka under omrörning tills karamellen har löst sig och såsen är slät. Ta av från värmen och låt svalna. Förvarad i en lufttät behållare i kylen håller såsen i upp till 10 dagar.
e) Servera såsen varm eller rumstemperatur.

95. Getmjölkskaramell

INGREDIENSER:

- 4 koppar getmjölk eller en kombination av ko- och getmjölk, helst opastöriserad
- 1¼ koppar socker
- ¼ tesked bakpulver
- ½ tsk rent vaniljextrakt
- Nypa koshersalt

VÄGBESKRIVNING:

a) I en stor tjockbottnad kastrull, rör ihop mjölk, socker och bakpulver.

b) Koka upp på hög värme, sänk sedan värmen för att bibehålla en rask sjud och koka, rör om då och då, tills blandningen har tjocknat och är mörk karamellfärgad, 1 till 1½ timme; rör om oftare när blandningen blir tjockare.

c) Lägg över i en värmesäker skål och låt svalna. Rör ner vanilj och salt. Förvarad i en lufttät behållare i kylen håller karamellen i upp till 10 dagar.

96. Kanderade pumpafrön

INGREDIENSER:

- 1 kopp socker
- 1 tsk kosher salt
- 1 stor äggvita
- 3 dl pumpafrön

VÄGBESKRIVNING:

a) Värm ugnen till 300°F. Bestryk en kantad bakplåt lätt med lite vegetabilisk olja eller klä den med bakplåtspapper.

b) I en liten skål, blanda ihop socker, chili (om du använder) och salt. Vispa äggvitan med en gaffel i en medelstor skål tills den blir skum. Tillsätt pumpafröna och sockerblandningen och rör om tills fröna är jämnt täckta.

c) Sprid ut pumpafröna på den förberedda bakplåten och grädda, rör om några gånger, tills de är rostade, 10 till 12 minuter. Låt svalna till rumstemperatur.

d) Förvaras i en lufttät behållare på en sval, torr plats, kommer pumpafröna att hålla i upp till 1 månad.

97. Vanilj och tequila vispad grädde

INGREDIENSER:

- 1 kopp kall tung grädde
- 2 msk socker
- 1 vaniljstång, delad på längden, eller 1 tsk rent vaniljextrakt

VÄGBESKRIVNING:

a) Placera en skål av rostfritt stål och en visp i frysen och låt svalna i 10 till 15 minuter.

b) Blanda grädden och sockret i den kylda skålen. Om du använder en vaniljstång, använd en skalkniv för att skrapa fröna från fröhalvorna och tillsätt fröna i gräddblandningen.

c) Med den kylda visp, vispa tills grädden håller mjuka toppar när visp lyfts.

d) Vispa i tequilan (och vaniljextrakt, om du använder). Fortsätt vispa tills krämen håller medelstyva toppar.

e) Använd direkt, eller täck med plastfolie och ställ i kylen i upp till 2 dagar.

98. Piloncillo karamelliserade pekannötter

INGREDIENSER:

- 8 uns piloncillo, finhackad
- 1 (1-tums) bit mexikansk kanel
- ⅓ kopp vatten 3¼ koppar pekannötshalvor
- Olja lätt en kantad bakplåt.

VÄGBESKRIVNING:

a) I en kastrull, kombinera piloncillo, kanel och vatten. Sätt pannan på medelhög värme och koka under omrörning tills piloncillo har löst sig och blandningen är bubbel, tjock och gyllene i färgen, 4 till 6 minuter.

b) Tillsätt ungefär en tredjedel av pekannötterna och rör om för att täcka. Tillsätt de återstående pekannötterna i ytterligare två omgångar, rör hela tiden. Piloncillo kommer att börja kristallisera och se sandig ut.

c) Fortsätt att röra tills alla pekannötter är belagda.

d) Häll pekannötterna på den förberedda bakplåten och separera dem med en sked. Ta bort kanelbiten. Låt svalna till rumstemperatur.

e) Förvaras i en lufttät behållare på en sval, torr plats, kommer pekannötterna att hålla i upp till 3 veckor.

99. Kryddig mango

INGREDIENSER:

- 1 lime
- 1 pund mogen men fast mango
- 3 tsk kosher salt
- 3 koppar socker
- 2 koppar vatten
- ¼ kopp lätt majssirap
- ⅓ kopp mald guajillo, piquín eller árbol chili, eller en kombination

VÄGBESKRIVNING:

a) Använd en grönsaksskalare och ta bort limeskalet i strimlor. Juice av limefrukten.
b) Skala mangon och skär fruktköttet i stora bitar eller klyftor. I en skål, släng mangon med 1 tsk av saltet och limesaften.
c) I en stor kastrull, kombinera socker, vatten, majssirap och limeskal och koka upp på medelhög värme.
d) Sänk värmen till medel-låg, tillsätt mangobitarna och låt sjuda försiktigt i 20 minuter, rör om då och då.
e) Ta av från värmen, täck pannan med lock eller en bit ostduk och låt stå över natten i rumstemperatur.
f) Nästa dag, avtäck pannan, ställ den på medelhög värme och låt sirapen sjuda.
g) Koka i 20 minuter, rör om då och då och justera värmen efter behov för att bibehålla en sjud. Ta av från värmen,

täck med locket eller ostduken och låt stå över natten i rumstemperatur.

h) På den tredje dagen tar du upp pannan igen, ställer in den på medelhög värme och kokar upp. Koka i endast 5 minuter, rör om då och då, ta sedan bort från värmen och låt svalna till rumstemperatur.
i) När svalnat, använd en hålslev för att överföra mangobitarna till ett galler över ett bakplåtspapper. Släng limeskalet.
j) Låt rinna av tills mangobitarna inte längre är blöta (de blir klibbiga), 8 till 10 timmar.
k) I en skål, rör ihop den malda chilin och de återstående 2 tsk salt. Arbeta i omgångar, släng mangobitarna i chiliblandningen tills de är täckta på alla sidor.
l) Förvaras i en lufttät behållare på en sval, torr plats, håller mangon i upp till 1 månad.

100. Mandel Crumble Topping

INGREDIENSER:

- ½ kopp universalmjöl
- ½ kopp skivad eller strimlad mandel
- ½ kopp konditorsocker
- ¼ kopp farinsocker, packad ⅛ tesked salt
- ¼ tsk mald kanel
- 4 msk smör, kylt och skär i flera bitar

VÄGBESKRIVNING:

a) Värm ugnen till 350°F. Klä en plåt med bakplåtspapper.
b) Kombinera mjöl, mandel, sockerarter, salt och kanel i en matberedare och vispa tills mandeln är helt bruten till mandelmjöl och blandningen är väl kombinerad.
c) Tillsätt smör och pulsera tills blandningen har en grov, sandig konsistens och inga bitar av smör som är större än en ärta kvarstår.
d) Överför blandningen till en stor skål. Om du pressar blandningen ordentligt i handen ska den hålla ihop i stora smulor som sträcker sig från storleken som en ärta till en valnöt. Bryt upp hela blandningen i olika storlekar.
e) Överför mandelsmulor till den förberedda bakplåten.
f) Grädda i cirka 15 minuter, rör lätt med en spatel var 5:e minut, tills smulan är ljust gyllene och krispig.
g) När den svalnat helt kan crumblen förvaras i flera dagar i en lufttät behållare.

SLUTSATS

När vi kommer till slutet av "Söta skopor: En utsökt glasskokbok", hoppas vi att du har njutit av detta smakrika äventyr i en värld av hemgjorda frysta läckerheter. Från klassiska favoriter till uppfinningsrika skapelser, du har lärt dig konsten att göra silkeslen glass, uppfriskande sorbet och härliga frysta godsaker.

Vi uppmuntrar dig att fortsätta experimentera med smaker, prova nya tekniker och anpassa recept för att passa dina personliga preferenser. Glädjen med att göra glass hemma är friheten att skräddarsy varje sats efter eget tycke och dela kärleken med dina nära och kära.

Kom ihåg att nyckeln till utmärkt glass inte bara ligger i kvaliteten på ingredienserna utan också i passionen och omsorgen du ingjuter i varje skapelse. Så håll glassmaskinen igång och låt fantasin flöda.

Vi hoppas "Söta skopor: En utsökt glasskokbok" har inspirerat dig att utforska världen av hemgjord glass och dela dina frysta skapelser med familj och vänner. Må varje skopa ge leenden och oförglömliga ögonblick, och lägga till sötma till ditt liv en sked i taget.

Glad karring och njut av den ljuva resan med att göra glass!

Milton Keynes UK
Ingram Content Group UK Ltd.
UKHW020156230823
427286UK00016B/691